भारत में नैतिक निवेश का परिचय

शिव प्रसाद बोस और जय बोस

Published by Joy Bose

विषय सूची

समर्पण

यह पुस्तक भारत में उन सभी कंपनियों को समर्पित है जो नैतिक मूल्यों का पालन करती हैं।

प्रस्तावना

नैतिक निवेश, जिसे पर्यावरणीय, सामाजिक और शासन (ESG) या स्थिरता निवेश भी कहा जाता है, हाल में बढ़ रहा है। निवेशक, विशेष रूप से युवा निवेशक, अपने निवेशों के व्यापक सामाजिक और अन्य प्रभावों के बारे में अधिक चिंतित हो रहे हैं और दुनिया में सकारात्मक बदलावों में योगदान देना चाहते हैं, बजाय इसके कि वे बढ़ती पीड़ा में योगदान करें। विभिन्न देशों में शेयर बाजारों के उतार-चढ़ाव नैतिक निवेश की ओर रुझान को और बल देते हैं। नैतिक निवेश को उन अधिक स्थिर कंपनियों की पहचान करने के एक तरीके के रूप में देखा जाता है जो अल्पकालिक मुनाफे के बजाय दीर्घकालिक नैतिक मूल्यों में विश्वास रखती हैं, और इसलिए लंबी अवधि में लाभदायक होने की अधिक संभावना रखती हैं।

इस पुस्तक में, हम नैतिक निवेश की अवधारणा का परिचय देते हैं और उन तरीकों पर विचार करते हैं जिनके द्वारा निवेशक आज भारत में नैतिक रूप से निवेश कर सकते हैं। हम हरित ऊर्जा, विभिन्न ईएसजी (ESG) और नैतिक म्युचुअल फंड और सामाजिक निवेश के रास्ते पर चर्चा करते हैं।

आशा है कि यह पुस्तक नैतिक निवेश के प्रति जागरूकता बढ़ाएगी और मौजूदा और भावी निवेशकों को इस तरह से निवेश करने के लिए प्रेरित करेगी जो इस दुनिया में व्यापक भलाई में सुधार के लिए अपने पैसे का उपयोग करें।

स्वीकृतियाँ

इस पुस्तक को तैयार करने में, लेखक विजय साहू को सियोना अकादमी से उनके अद्भुत निवेश पाठ्यक्रम के लिए, और चेतन धूमाने को निवेश के बारे में उनकी बहुत उपयोगी सलाह के लिए धन्यवाद देना चाहेंगे।

अध्याय 1: नैतिक निवेश का परिचय

इस अध्याय में हम नैतिक निवेश की अवधारणा पर चर्चा करते हैं।

1.1 नैतिक निवेश की परिभाषा

नैतिक निवेश उन कारणों और संगठनों में निवेश करने के विचार को संदर्भित करता है जो व्यक्तियों और समाज के लिए कम से कम नैतिक रूप से हानिकारक हैं, और सबसे अधिक लाभकारी हैं, साथ ही साथ निवेशकों के लिए एक अच्छा वित्तीय रिटर्न उत्पन्न करते हैं। इसमें शिक्षा, पर्यावरणीय स्थिरता, असमानता से निपटने, भेदभाव और अन्य सामाजिक बुराइयों से निपटने आदि के लिए निवेश शामिल हो सकता है। नैतिक निवेश को संदर्भित करने वाले वैकल्पिक शब्दों में स्थायी निवेश और सामाजिक निवेश शामिल हैं। इस तरह के निवेश विभिन्न प्रकार के निवेश जैसे स्टॉक और बॉन्ड या अन्य निवेश प्रकार जैसे रियल एस्टेट में हो सकते हैं, जब तक कि वे उन कंपनियों से संबंधित हैं जो नैतिक मानकों और दिशानिर्देशों को पूरा करते हैं।

नैतिक निवेश के लिए चुनी गई ऐसी कंपनियों के प्रबंधन को आम तौर पर नैतिक प्रथाओं का पालन करना चाहिए और साथ ही कॉर्पोरेट प्रशासन के अच्छे मानक प्रदर्शित करने चाहिए। वे पर्यावरण, सामाजिक और शासन (ESG) फंड में निवेश का भी उल्लेख करते हैं, जो निवेश के ऐसे रूप हैं जिनमें कंपनियों का मूल्यांकन करते समय पर्यावरणीय, सामाजिक और शासन संबंधी कारकों को ध्यान में रखा जाता है। भारत में, सेबी (SEBI) के ESG दिशानिर्देश और व्यावसायिक उत्तरदायित्व तथा स्थिरता रिपोर्ट (BRSR) ढाँचा सूचीबद्ध कंपनियों को अपने ESG प्रदर्शन का खुलासा करने और उसमें सुधार करने के लिए प्रोत्साहित करते हैं।

नैतिक निवेश किसी भी निवेश को संदर्भित कर सकता है जो संयुक्त राष्ट्र के सतत विकास लक्ष्यों (SDG) में से एक में मदद करता है, जिसमें कोई गरीबी नहीं, शून्य भूख, अच्छा स्वास्थ्य और कल्याण, गुणवत्तापूर्ण शिक्षा, लिंग समानता, स्वच्छ जल और स्वच्छता, सस्ती शामिल है। और स्वच्छ ऊर्जा, अच्छा काम और आर्थिक विकास, उद्योग, नवाचार और बुनियादी ढांचा, कम असमानताएं, सतत शहर और समुदाय, जिम्मेदार खपत और उत्पादन, जलवायु कार्रवाई, पानी के नीचे जीवन, जमीन पर जीवन, शांति, न्याय और मजबूत संस्थान, और साझेदारी लक्ष्य।

नैतिक निवेश की अन्य परिभाषाओं में उन कंपनियों में निवेश करना शामिल है जो धार्मिक और नैतिक कोड जैसे इस्लामिक शरिया के अनुरूप हैं। शरीयत इस्लामी कानून के अनुपालन के लिए कुछ मानदंडों में शामिल हैं: शरिया शराब, अपमानजनक दवाओं, पोर्क उत्पादों, जुआ, हथियार आदि से आय पर प्रतिबंध लगाता है।

1.2 नैतिक निवेश के प्रकार

अन्य के अलावा, नैतिक निवेश निम्नलिखित में से किसी भी रूप में हो सकता है:

- ईएसजी (ESG) म्यूचुअल फंड में निवेश
- शरिया अनुपालन निधि में निवेश
- हरित ऊर्जा में निवेश
- सामाजिक निवेश और सामाजिक वित्त प्लेटफार्मों में निवेश

अगले अध्यायों में हम उनमें से प्रत्येक पर अधिक विस्तार से चर्चा करेंगे।

1.3 निष्कर्ष

इस अध्याय में हमने नैतिक निवेश के अर्थ और प्रकारों पर चर्चा की है।

अध्याय 2: नैतिक निवेश के लाभ

इस अध्याय में, हम नैतिक निवेश के लाभों पर चर्चा करते हैं।

2.1 दीर्घकालिक स्थिरता और विकास

नैतिक निवेश के फायदों में से एक यह है कि अच्छे नैतिक मानकों का पालन करने वाली कंपनियों के स्थिर होने की संभावना अधिक होती है जो अपने शेयरधारकों और व्यापक हितधारकों के लिए अच्छा मूल्य पैदा करती हैं, और इस प्रकार लंबे समय में निवेश करने के योग्य होती हैं। ये अधिक स्थिर होते हैं और इनमें जोखिम कम होता है।

2.2 नैतिक मूल्यों के साथ संरेखण

साथ ही, कुछ निवेशक मुख्य रूप से उन कंपनियों में निवेश करना पसंद कर सकते हैं जो उनके निजी आदर्शों के अनुरूप हों।

2.3 विशेषज्ञों से नैतिक निवेश के बारे में उद्धरण

कुछ निवेश विशेषज्ञों के नैतिक निवेश के बारे में कुछ उद्धरण निम्नलिखित हैं:

"*निवेश केवल पैसा बनाने के बारे में नहीं है। यह अच्छा करने के बारे में भी है। और सबसे सफल निवेशक वे हैं जो महत्वपूर्ण मुद्दों को समझते हैं और अच्छी तरह से सूचित निवेश निर्णय लेते हैं।* " - *जेरेमी ग्रांथम, प्रसिद्ध* मूल्य निवेशक और जीएमओ के मुख्य निवेश रणनीतिकार, 1970 के दशक में इंडेक्स फंड शुरू करने वाले पहले व्यक्तियों में से एक।

"*उन कंपनियों में निवेश करना जो दुनिया की स्थिरता चुनौतियों के समाधान का हिस्सा हैं, न केवल करने के लिए सही काम है, यह करने के लिए स्मार्ट काम भी है।" - डेविड ब्लड,* जनरेशन इन्वेस्टमेंट मैनेजमेंट के संस्थापक भागीदार।

"*निवेशकों को अपनी निर्णय लेने की प्रक्रिया में पर्यावरण, सामाजिक और प्रशासन (ईएसजी) कारकों को शामिल करने की आवश्यकता है, न केवल जिम्मेदार कॉर्पोरेट नागरिक होने के लिए, बल्कि इसलिए कि वे वित्तीय प्रदर्शन पर भौतिक प्रभाव डाल सकते हैं।" - मैरी शापिरो, 29वें* अध्यक्ष अमेरिकी प्रतिभूति और विनिमय आयोग (SEC)।

"*नैतिक निवेश केवल समस्याग्रस्त कंपनियों से बचने के बारे में नहीं है। यह उन कंपनियों में निवेश करने के बारे में है जो एक बेहतर दुनिया बनाने की कोशिश कर रही हैं।* " - ऑड्रे चोई, मॉर्गन स्टेनली इंस्टीट्यूट फॉर सस्टेनेबल इन्वेस्टिंग की सीईओ।

"*ईएसजी निवेश (ESG) के लिए वित्तीय मामला मजबूत है। ईएसजी मेट्रिक्स पर उच्च रैंक वाली कंपनियां बेहतर प्रबंधन करती हैं, कम जोखिम रखती हैं, और बेहतर दीर्घकालिक वित्तीय रिटर्न उत्पन्न करती हैं।"* - जॉन गोल्डस्टीन, प्रबंध निदेशक, सस्टेनेबल फाइनेंस ग्रुप के प्रमुख, गोल्डमैन सैक्स (Goldman Sachs) एसेट मैनेजमेंट।

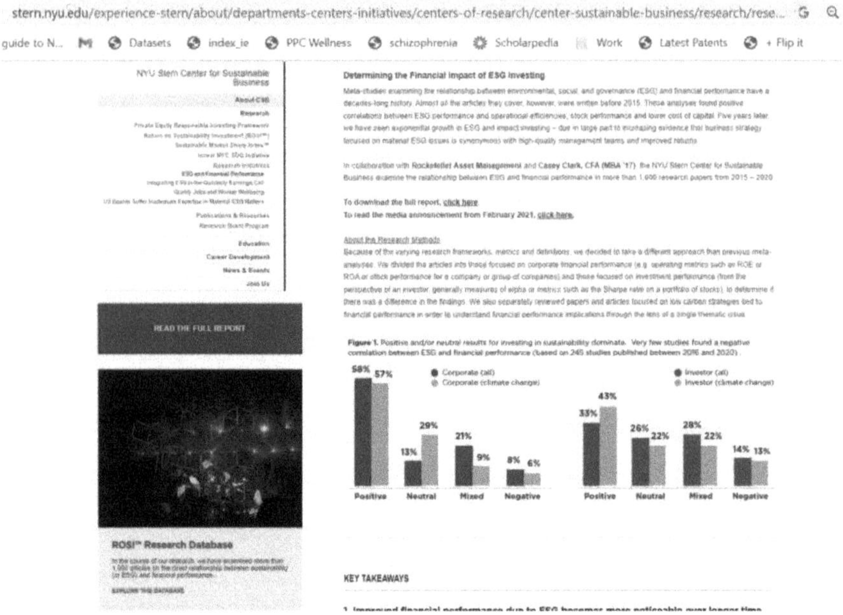

चित्र: ईएसजी (ESG) और वित्तीय प्रदर्शन के बीच एक सकारात्मक सहसंबंध दिखाते हुए स्टर्न रिपोर्ट का स्क्रीनशॉट

2.4 पर्यावरण, सामाजिक और शासन ईएसजी (ESG) निवेश पर शोध

एनवाईयू स्टर्न सेंटर फॉर सस्टेनेबल बिजनेस एंड रॉकफेलर एसेट मैनेजमेंट ने इस विषय पर लिखे गए शोध पत्रों का अध्ययन करने के बाद ईएसजी (ESG) और वित्तीय प्रदर्शन के बीच संबंध पर एक शोध रिपोर्ट लिखी।

इसने कंपनियों के प्रदर्शन (2015 से 2020 के बीच लिखे गए) के बारे में अध्ययन किए गए 1000 शोध पत्रों में से 58% में ESG और वित्तीय प्रदर्शन (ROE, ROA, या स्टॉक मूल्य जैसे परिचालन मेट्रिक्स पर केंद्रित)

के बीच एक सकारात्मक संबंध पाया। केवल 8% के साथ नकारात्मक संबंध दिखा।

उन्होंने यह भी पाया कि बेहतर वित्तीय प्रदर्शन लंबी समयसीमा में अधिक स्पष्ट हो जाता है, एक रणनीति के रूप में ESG ने नकारात्मक स्क्रीनिंग दृष्टिकोणों की तुलना में बेहतर प्रदर्शन किया, और मंदी के दौरान बेहतर सुरक्षा प्रदान की।

इससे पता चलता है कि नैतिक या ESG उन्मुख निवेश न केवल दुनिया पर सकारात्मक प्रभाव डाल सकता है, बल्कि लंबी अवधि में निवेश के लिए बेहतर रिटर्न भी उत्पन्न कर सकता है।

संदर्भ:

https://www.stern.nyu.edu/experience-stern/about/departments-centers-initiatives/centers-of-research/center-sustainable-business/research/research-initiatives/esg-and-financial-performance

2.5 निष्कर्ष

इस अध्याय में हमने नैतिक निवेश के कुछ लाभों पर चर्चा की है।

अध्याय 3: विभिन्न धर्मों से नैतिक निवेश के लिए दिशानिर्देश

इस अध्याय में, हम विभिन्न धर्मों से लिए गए नैतिक निवेश के लिए कुछ दिशानिर्देशों पर चर्चा करते हैं। हम निवेश के लिए एक नैतिक दृष्टिकोण के निर्माण में विभिन्न धर्मों के ज्ञान का लाभ उठा सकते हैं।

3.1 यहूदी दिशानिर्देश

नैतिक निवेश के लिए यहूदी दिशानिर्देशों में निम्नलिखित शामिल हैं:

- **Tzedakah या धार्मिकता**: दान, अधिमानतः उन जगहों पर जहां दाता प्राप्तकर्ता को स्वावलंबी बनने में मदद करता है।
- **टिक्कुन ओलम या दुनिया की मरम्मत**: सामाजिक/पर्यावरण अनुकूल कंपनियों या संगठनों में निवेश करें।
- **Tzedek या न्याय और निष्पक्षता**: सामाजिक प्रभाव के प्रति प्रतिबद्धता, असमानता का मुकाबला करने आदि के साथ कंपनियों में निवेश करें।
- **G'milut Chasadim या प्यार भरी दया, देखभाल और करुणा**: उन जगहों पर निवेश करें जो जरूरतमंदों, बीमारों और बुजुर्गों का समर्थन करते हैं।
- **टिकवा या आशा**: ऐसी जगहों में निवेश करें जो लोगों को प्रेरित करें और दुनिया को उम्मीद दें।

संदर्भ: https://thejewishnews.com/2020/09/09/a-jewish-approach-to-planning-and-investing/

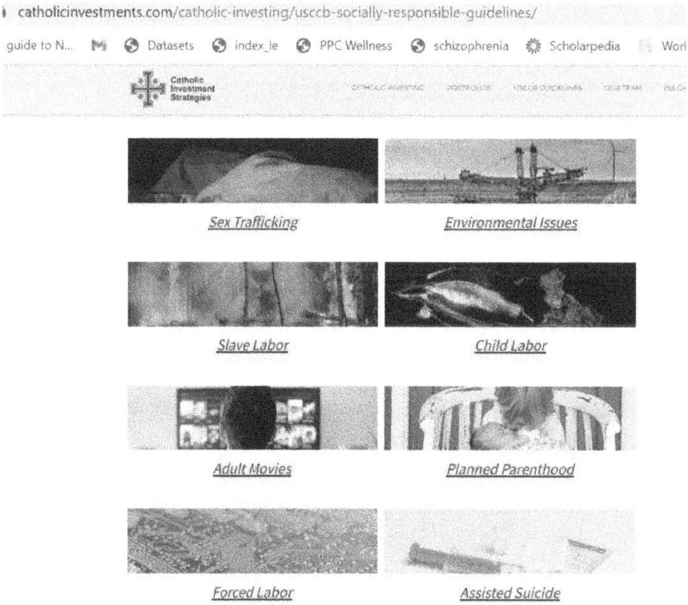

चित्र: नैतिक निवेश के लिए कैथोलिक निवेश रणनीतियों पर चर्चा करने वाली वेबसाइट का स्क्रीनशॉट

3.2 कैथोलिक (Catholic) दिशानिर्देश

नैतिक निवेश के लिए कैथोलिक दिशानिर्देशों में निम्नलिखित शामिल हैं:

- **बुराई से बचें**: अर्थात ऐसी जगहों पर निवेश न करें जो नैतिक रूप से संदिग्ध कार्यों को बढ़ावा देती हैं जैसे पोर्नोग्राफी, नस्लीय और लैंगिक भेदभाव, हथियार उत्पादन, स्टेम सेल अनुसंधान, गर्भपात, दास श्रम, बाल श्रम, शिकारी उधार और जल्दी।
- **अच्छा करो**: मतलब उन जगहों पर निवेश करना जो मानव जीवन और सम्मान, आर्थिक न्याय, पर्यावरण की रक्षा करने की

दिशा में काम करते हैं और कॉर्पोरेट जिम्मेदारी को प्रोत्साहित करते हैं। साथ ही, सक्रिय शेयरधारक बनें और उन कंपनियों की नीतियों में रुचि लें जहां आप निवेश करते हैं, शेयरधारक बैठकों में भाग लेते हैं और मतदान करते हैं और कंपनी की नीतियों में सुधार के लिए सक्रिय रूप से काम करते हैं।

संदर्भ: https://www.catholicinvestments.com/catholic-investing/usccb-socially-responsible-guidelines/

3.3 शरिया अनुपालन निवेश के लिए इस्लामी दिशानिर्देश

पवित्र कुरान सूद पर प्रतिबंध लगाता है, जो ब्याज या सूदखोरी के भुगतान या भुगतान को संदर्भित करता है। कुरान ब्याज या "रीबा" को एक शोषणकारी और अन्यायपूर्ण अभ्यास के रूप में देखता है जो व्यक्तियों और समाज को नुकसान पहुँचाता है।

सूबा के बारे में कुरान की सबसे प्रमुख आयतों में से एक अध्याय 2, आयत 275 में है, जिसमें कहा गया है:

"जो लोग ब्याज का उपभोग करते हैं, वे [पुनरुत्थान के दिन] खड़े नहीं हो सकते, सिवाय इसके कि वह खड़ा हो जो शैतान द्वारा पीटा जा रहा हो। ऐसा इसलिए है क्योंकि वे कहते हैं, "व्यापार [सिर्फ] ब्याज की तरह है।" लेकिन अल्लाह ने व्यापार की अनुमति दी है और है हराम ब्याज। तो जिस किसी ने अपने रब की नसीहत पाई और बाज़ आ गया तो हो सकता है जो बीत गया और उसका मामला अल्लाह के हवाले है। लेकिन जो कोई [ब्याज या सूद में लेन-देन] की ओर लौटता है, वही आग के साथी हैं; वे हमेशा रहेंगे उसमें हमेशा के लिए।"

कुरान भी विश्वासियों को धर्मार्थ कार्यों में संलग्न होने और दूसरों के लिए उदार होने के लिए प्रोत्साहित करता है, बजाय इसके कि वे अपने खर्च पर लाभ कमाने की कोशिश करें। अध्याय 30, श्लोक 39 कहता है:

"और जो कुछ तुम लोगों के धन में वृद्धि के लिए ब्याज देते हो, वह अल्लाह के पास नहीं बढ़ेगा। लेकिन जो कुछ तुम ज़कात (दान) में देते हो, अल्लाह की प्रसन्नता की कामना करते हो - वे गुणक हैं।"

कुछ शरिया वित्तीय सिद्धांतों में निम्नलिखित शामिल हैं:

- **इज़राह**, जिसका अर्थ है किसी संपत्ति को एक निर्धारित किराए पर एक सहमत अवधि के लिए किसी अन्य पक्ष को पट्टे पर देना। यह शरिया-अनुपालक है क्योंकि इसमें लाभ ब्याज से नहीं, बल्कि एक मूर्त संपत्ति के उपयोग से अर्जित किया जाता है।
- **सुकुक बॉन्ड** जो एक इस्लामिक बॉन्ड है जो रिबा या ब्याज के साथ शामिल हुए बिना निवेशकों को रिटर्न उत्पन्न कर सकता है।

एक महत्वपूर्ण विचार यह है कि निवेश किए गए धन को सावधानी से प्रबंधित वित्त योजनाओं में लगाया जाता है और अर्जित लाभ सट्टेबाजी से उत्पन्न होने के बजाय बाजार के बहुत करीब होता है। इसमें उन कंपनियों में निवेश करने से बचना भी शामिल है जो शराब, नशीली दवाओं, पोर्क उत्पादों, जुआ, हथियारों और ऐसे अन्य उत्पादों की बिक्री से अपना पैसा कमाती हैं।

संदर्भ: https://taqwabanking.com/faqs.php

3.4 बौद्ध दिशानिर्देश (सिगालोवाड़ा सुत्त)

बुद्ध की शिक्षाओं (सिगालोवाड़ा सुत्त) के अनुसार, व्यक्ति को अपने धन के प्रति सावधान रहना चाहिए, क्योंकि यह एक प्रकार की ऊर्जा है जो अच्छी या बुरी दोनों हो सकती है।

जरूरत के समय के लिए अलग से पैसा बचाएं और अपने व्यवसाय तथा करियर को बढ़ाने में निवेश करें। ऐसे दुर्गुणों से बचें जो आपके धन को नष्ट कर दें, जैसे कि जुआ और अत्यधिक लालच। धोखाधड़ी और झूठ से

दूर रहें तथा संयम और नैतिक आचरण का पालन करें। धन और मुनाफे सहित किसी भी वस्तु से अत्यधिक आसक्त न हों।

संदर्भ: https://buddhaweekly.com/the-secular-buddhist-approach-to-managing-money-wisely-as-taught-in-sutra/

3.5 हिंदू दिशानिर्देश (भगवद गीता)

हिंदू धर्म के पवित्र ग्रंथ, भगवद गीता के कर्म योग अध्याय के सिद्धांतों के अनुसार, एक निष्काम या अनासक्त कर्म योगी बनने का प्रयास करना चाहिए, अच्छे शोध के बाद अच्छी तरह से निवेश करना चाहिए, कड़ी मेहनत और ईमानदारी से काम करना चाहिए और धन प्राप्त करना चाहिए।

हालांकि, यह भी महत्वपूर्ण है कि किसी के काम के फल और किसी के निवेश से मिलने वाले रिटर्न के प्रति बहुत अधिक आसक्त न हों। संक्षेप में, निवेश करने से पहले अपना होमवर्क करें, लेकिन उम्मीदों को यथार्थवादी रखें और उच्च लाभ पाने के लालच में न पड़ें।

संदर्भ: https://www.speakingtree.in/blog/bhagavad-gita-and-wealth-creation-626486

3.6 निष्कर्ष

इस अध्याय में हमने पैसे और निवेश के बारे में कुछ नैतिक दिशानिर्देशों पर चर्चा की, जिन्हें हम विभिन्न धर्मों के ज्ञान से सीख सकते हैं।

अध्याय 4: निवेश के सामान्य सिद्धांत

इस अध्याय में हम कुछ सामान्य निवेश सिद्धांतों पर चर्चा करते हैं जो अनुभवी निवेशकों को पता हो सकते हैं लेकिन शुरुआती निवेशकों को ज्ञान नहीं हो सकते हैं।

4.1 कितना और कहां निवेश करना है

एक अच्छे निवेशक को हर महीने अपनी प्रयोज्य आय का कम से कम 10-20% हिस्सा निवेश में लगाने का प्रयास करना चाहिए। क्रेडिट कार्ड और किराने का सामान जैसे नियमित खर्चों का भुगतान करने से पहले इसे अलग रखना एक अच्छा सिद्धांत है।

जितनी जल्दी कोई निवेश करना शुरू करता है, उतना ही बेहतर होता है क्योंकि चक्रवृद्धि (compounding) की शक्ति के साथ धन को बढ़ने के लिए अधिक समय मिलता है।

यह जानने के लिए अपने जोखिम प्रोफाइल का विश्लेषण करना चाहिए कि वे किस तरह के निवेशक हैं:

- **जोखिम के खिलाफ सतर्क निवेशक**: उनके पोर्टफोलियो में बॉन्ड का अधिक प्रतिशत और स्टॉक का कम
- **संतुलित निवेशक**
- **आक्रामक निवेशक:** ज्यादातर स्टॉक और बहुत कम बॉन्ड

उम्र भी एक कारक है, जो जितना बड़ा है, उतना ही उन्हें जोखिम से बचना चाहिए। निवेश विभिन्न वर्गों के मिश्रण में होना चाहिए: स्टॉक, बॉन्ड, सोना और रीयल इस्टेट, और म्यूचुअल फंड।

यह भी तय करना चाहिए कि उनके जोखिम प्रोफाइल और उम्र के अनुसार विभिन्न परिसंपत्ति वर्गों में कितना निवेश करना है। उदाहरण के लिए, जब कोई युवा होता है तो स्टॉक और इक्विटी आधारित म्युचुअल फंड में अधिक निवेश करने का निर्णय ले सकता है, जबकि जैसे-जैसे वह मध्यम आयु का होता जाता है वह स्टॉक, बॉन्ड, इक्विटी और डेट म्यूचुअल फंड, सोना और अन्य संपत्तियों के मिश्रण के लिए जा सकता है।

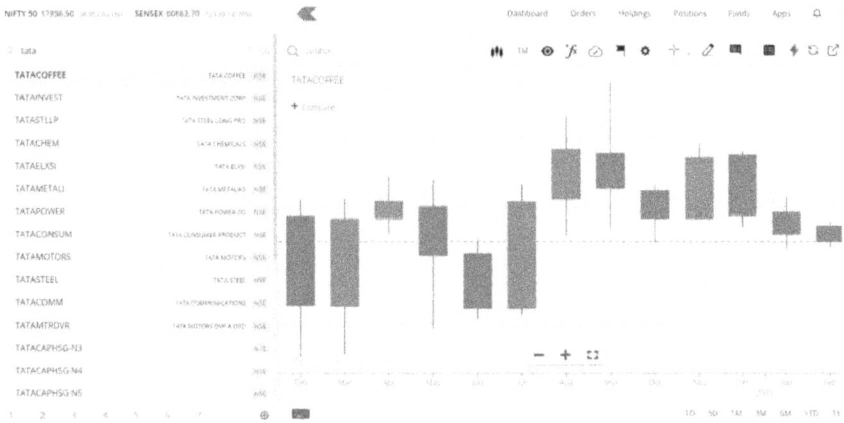

चित्र: जेरोधा काइट ट्रेडिंग प्लेटफॉर्म से स्क्रीनशॉट

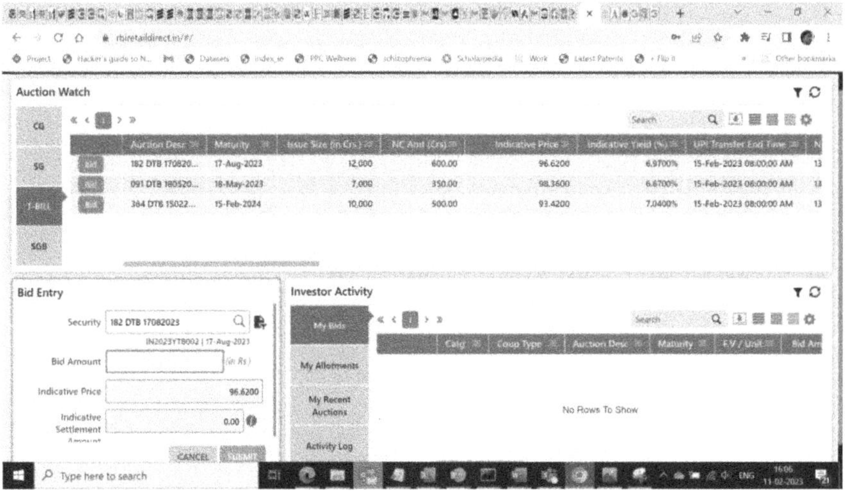

चित्र: टी बिल दिखाते हुए आरबीआई रिटेल डायरेक्ट वेबसाइट से स्क्रीनशॉट

भारत में कुछ विभिन्न निवेश विकल्पों में निम्नलिखित शामिल हैं:

- कंपनी के शेयर, या स्टॉक, निवेश करने का सबसे आम तरीका है। वे आम तौर पर स्टॉक के मूल्य में वृद्धि के साथ-साथ आवधिक लाभांश से अच्छा रिटर्न देते हैं।

  शेयरों में व्यापार करने के लिए, ज़ेरोधा, 5पैसा , अपस्टॉक्स, एंजेल वन, कोटक सिक्योरिटीज, मोतीलाल ओसवाल, ग्रो, शेयरखान, कोटक महिंद्रा, आईसीआईसीआई डायरेक्ट या किसी अन्य ब्रोकर जैसे स्टॉक ब्रोकर में एक मुफ्त खाता हो सकता है। इनमें से, IndMoney, Vested, Groww और कुछ अन्य अमेरिकी प्रदाताओं जैसे अल्पाका सिक्योरिटीज के साथ टाई-अप करके अमेरिकी शेयरों में निवेश का विकल्प देते हैं।

- बांड, विशेष रूप से सरकारी बांड, सुरक्षित हैं लेकिन कम रिटर्न भी देते हैं, और शेयरों के गिरने से जोखिम के खिलाफ एक अच्छा बचाव है। दूसरी ओर, चूंकि प्रतिफल निश्चित होता है, उच्च मुद्रास्फीति होने पर बांड पैसे खो सकते हैं।

  इन्हें RBI रिटेल डायरेक्ट वेबसाइट या Zerodha जैसी ब्रोकर साइट्स से खरीदा जा सकता है।

  बॉन्ड दो प्रकार के होते हैं, सरकारी बॉन्ड और कॉरपोरेट बॉन्ड। सरकारी बॉन्ड आमतौर पर सबसे सुरक्षित होते हैं। कॉरपोरेट बॉन्ड में निवेश करते समय बॉन्ड की क्रेडिट रेटिंग जांचना जरूरी है।

- सोना आमतौर पर मुद्रास्फीति का प्रमाण होता है यानी मुद्रास्फीति के दौरान इसका मूल्य कम नहीं होता है।

  उन्हें फिजिकल गोल्ड, डिजिटल गोल्ड (जैसे MMTC PAMP वेबसाइट या Gullak Gold गुल्लक गोल्ड जैसे ऐप से) और सरकार के सॉवरेन गोल्ड बॉन्ड में प्राप्त किया जा सकता है।

  हालांकि, भौतिक और डिजिटल सोने पर जीएसटी जैसे करों से सावधान रहना चाहिए, जो सॉवरेन गोल्ड बांड पर लागू नहीं है। भौतिक सोने की अन्य लागतें होती हैं जैसे मेकिंग चार्ज और इसे सुरक्षित रूप से स्टोर करने के लिए बैंक लॉकर की लागत।

- रियल एस्टेट एक अन्य आम निवेश मार्ग है, लेकिन इसके लिए बहुत अधिक मात्रा में निवेश की आवश्यकता होती है, आम तौर पर फ्लैट के लिए 50 लाख से 1 करोड़ और भूमि के लिए अधिक।

  प्रसिद्ध या स्थापित बिल्डरों के साथ निवेश करना बेहतर है क्योंकि उनके फ्लैटों का बेहतर पुनर्विक्रय मूल्य होगा, और दिल्ली विकास प्राधिकरण या डीडीए जैसे नए लेआउट में नगर निगम के

अधिकारियों के साथ निवेश करने के लिए भूमि में। संपत्ति के लिए एक और कम लागत वाला तरीका रियल एस्टेट निवेश ट्रस्ट (REIT, आरईआईटी) या ऑफिस स्पेस के आंशिक स्वामित्व में निवेश करना है।

- म्युचुअल फंड भी निवेश का एक अच्छा तरीका है, क्योंकि वे अलग-अलग शेयरों से जोखिम साझा करते हैं। उनके पास एक विशाल विविधता है और स्टॉक, जोखिम प्रोफाइल, सेक्टर आदि के लिए उपलब्ध हैं।

  बॉन्ड या डेट (debt) म्यूचुअल फंड, इक्विटी या स्टॉक म्यूचुअल फंड, ट्रैकर फंड आदि हैं। इंडेक्स फंड या ट्रैकर फंड पूरे सेंसेक्स जैसे एनएसई और बीएसई सेंसेक्स को ट्रैक करते हैं। निफ्टी-50 प्रमुख इंडेक्स फंडों में से एक है। रुपये के मूल्य में मुद्रा की गिरावट से बचाव के लिए, इसी तरह NASDAQ ट्रैकर फंड में निवेश किया जा सकता है। कम लागत वाले निष्क्रिय निवेश के लिए इंडेक्स फंड अच्छे हैं।

  चूंकि शेयर बाजार आम तौर पर लंबे समय में बढ़ता है, इसलिए निफ्टी -50 जैसे एक ट्रैकर फंड को हर महीने एक बार या एसआईपी के रूप में निवेश करना उपयोगी होता है, और इसे समय के साथ बढ़ता हुआ देखें और बढ़ते शेयर बाजार का लाभ उठाएं। दूसरी ओर, गैर-इंडेक्स फंड सक्रिय रूप से प्रबंधित किए जा सकते हैं और व्यय अनुपात और एक्जिट लोड के मामले में उनकी लागत अधिक होती है। लेकिन अगर फंड मैनेजर अनुभवी हैं और स्थापित फंड मैनेजमेंट हाउस से हैं जो कुछ समय से आसपास हैं (जैसे कि एसबीआई म्यूचुअल फंड या पराग पारिख म्यूचुअल फंड), यह पहचानने में अच्छा है कि किन शेयरों में निवेश करना है और पिछले कुछ समय से फंड को अच्छी तरह से मैनेज कर रहे हैं। साल, वे अधिक रिटर्न दे सकते हैं।

म्युचुअल फंड खरीदते समय भी सावधानी बरतनी चाहिए, जिसने हाल ही में बहुत बड़ा मुनाफा कमाया है, लेकिन पहले के वर्षों में नहीं। सबसे अच्छे म्युचुअल फंड वे हैं जो कुछ वर्षों से लगातार मुनाफा कमा रहे हैं। म्यूचुअल फंड में एकमुश्त एकमुश्त भुगतान करके, या एक SIP एसआईपी करके निवेश किया जा सकता है, जहां एक ही म्यूचुअल फंड खरीदने के लिए हर महीने एक निश्चित राशि का भुगतान किया जाता है। एसआईपी निवेश फंड के मूल्य में उतार-चढ़ाव से बचने का एक बेहतर तरीका है।

- एक अन्य विकल्प बैंक के साथ सावधि जमा या FD में निवेश करना है। FD आमतौर पर बहुत सुरक्षित होते हैं, बचत खाते की तुलना में बेहतर ब्याज दर होती है लेकिन किसी का पैसा एफडी की अवधि के लिए लॉक हो जाता है जो 6 महीने से लेकर कुछ वर्षों तक हो सकता है। साथ ही, मुद्रास्फीति की तुलना में उनकी ब्याज दरें इतनी अधिक नहीं हो सकती हैं, और ब्याज भी कराधान के अधीन है। वरिष्ठ नागरिकों को आम तौर पर एफडी में बेहतर दर मिलती है। हाल ही में, कई FD वरिष्ठ नागरिकों के लिए 8.5 या 9% तक बेहतर दर दे रहे हैं और दूसरों के लिए थोड़ा कम।

- रिटायरमेंट के लिए लंबी अवधि में पैसा बचाना जरूरी है। इसके लिए कई लोगों के पास उनके नियोक्ताओं द्वारा उनके काम करने के स्थान पर कर्मचारी भविष्य निधि उपलब्ध कराई जाती है। एक अन्य विकल्प सार्वजनिक भविष्य निधि या PPF पीपीएफ है , जो सुरक्षित है और वर्तमान में लगभग 7% ब्याज देता है, जो आमतौर पर 15 वर्षों के लिए होता है, लेकिन इसे और अधिक बढ़ाया जा सकता है। ये निवेश टैक्स के लिए फायदेमंद होते हैं, इनमें से ज्यादातर इनकम टैक्स के सेक्शन 80C के तहत टैक्स फ्री होते हैं।

सेवानिवृत्ति के लिए एक अन्य विकल्प राष्ट्रीय पेंशन योजना या NPS एनपीएस है, जिसके दो स्तर हैं: टीयर 1 एनपीएस कर मुक्त है, लेकिन 60 वर्ष की आयु तक पैसा नहीं निकाला जा सकता है।

- निवेश करने के अन्य तरीकों में वैकल्पिक निवेश शामिल हैं, जैसे कि पीयर टू पीयर P2P उधार (जैसे कि IndiaP2P या 12% क्लब), कृषि निवेश (growpital.com ग्रोपिटल), ग्रीन इन्वेस्टमेंट (sustvest.com सस्टवेस्ट), कंपनी की संपत्ति में आंशिक हिस्सेदारी, स्टार्टअप में निवेश (tykeinvest.com), गैर-सूचीबद्ध शेयर, फिल्म अधिकार आदि। हालांकि, ऐसे वैकल्पिक निवेशों में, विशेष रूप से स्टार्टअप में निवेश से पहले, पर्याप्त शोध और सावधानी बरतनी चाहिए।
- निवेश करने का एक और नया तरीका क्रिप्टो करेंसी में है जैसे कि बिटकॉइन और डॉगकोइन और SHIB कॉइन (भारत में wazirx.com वज़ीरएक्स और https://coinswitch.co/ कॉइनस्विच कुबेर जैसे प्लेटफार्मों से उपलब्ध)।
- निवेश करने के अधिक जोखिम भरे और आधुनिक तरीकों में डेरिवेटिव, Forex फॉरेक्स और कमोडिटी ट्रेडिंग शामिल हैं। वैकल्पिक निवेश में ट्रेडिंग तेजी से रिटर्न दे सकती है लेकिन तेजी से बड़ा नुकसान भी कर सकती है, किसी को ट्रेडिंग के लिए तभी जाना चाहिए जब वे समय निवेश करने के इच्छुक हों और उनके पास उचित जोखिम प्रोफ़ाइल और पर्याप्त प्रशिक्षण हो।
- चिकित्सा आपात स्थिति और मृत्यु जैसी दुर्भाग्यपूर्ण घटनाओं को कवर करने के लिए किसी के पास कुछ टर्म इंश्योरेंस और स्वास्थ्य बीमा भी होना चाहिए। यहां भी Tata AIG टाटा एआईजी, एचडीएफसी एर्गो, निवा बूपा या मैक्स बुपा, Navi नवी इत्यादि जैसी बीमा कंपनियों की एक विस्तृत पसंद है। Ditto (ज़ेरोधा द्वारा) और PolicyBazaar जैसे ऑनलाइन बीमा सलाह मंच

विभिन्न बीमा योजनाओं के बीच निष्पक्ष तुलना और चयन में मदद कर सकते हैं।

अपने निवेश के परिणामस्वरूप प्राप्त करने के लिए एक कोष का लक्ष्य निर्धारित करने के बारे में भी सोचना चाहिए, जैसे कि 10 से 15 वर्षों के बाद न्यूनतम 1 से 1.5 करोड़ रुपये। फिर अपने लक्ष्य और अपेक्षित रिटर्न के आधार पर हर महीने या हर साल कितना निवेश करना चाहिए, इसकी गणना करनी चाहिए।

उपयोग करने का सूत्र है $PV = FV/(1 + i)^n$ जहां PV = वर्तमान मूल्य, FV = भविष्य का मूल्य, i = दशमलव में ब्याज दर (उदाहरण के लिए 12% के लिए 0.12), और n = वर्षों की संख्या। इसके अलावा, Groww या Zerodha जैसी साइटों पर ऑनलाइन SIP कैलकुलेटर उपलब्ध हैं जो इन अनुमानों को आसान बनाते हैं।

4.2 धन प्रबंधन और निवेश के बारे में किताबें और संसाधन

निवेश के बारे में सबसे पहले YouTube और ऐप्स और Investopedia.com इन्वेस्टोपेडिया जैसी वेबसाइटों में किताबों और प्रशिक्षण पाठ्यक्रमों से सीखना हमेशा बेहतर होता है। समाचार पत्रों और पत्रिकाओं के वित्तीय अनुभागों को पढ़कर शर्तों से परिचित होना चाहिए।

भारत में व्यापार और निवेश से संबंधित कई अच्छे YouTube चैनल हैं। उदाहरणों में शामिल हैं Sunil Miglani, Trade Brains, Pranjal Kamra, Finnovation Z, Groww, Trading Chanakya, Asset Yogi, Fund Guruji, Learn to Invest, Super Trader Lakshya, Market Maestroo, आदि। इनमें से कुछ शुरुआती लोगों के लिए उपयुक्त नहीं हो सकते हैं, इसलिए एक एक एपिसोड की कोशिश कर सकते हैं और उन चैनलों की सदस्यता ले सकते हैं जिन्हें वे समझ सकते हैं और उपयोगी हैं।

स्टॉक मार्केट, ट्रेडिंग और निवेश के बारे में जानने के लिए कुछ अच्छे ऐप भी हैं जैसे Siyona सिओना ट्रेनिंग एकेडमी (शुरुआती लोगों के लिए अच्छा), निवेश गेम, जानें: स्टॉक मार्केट निवेश और कैशफ्लो गेम, जेरोधा द्वारा वर्सिटी इत्यादि।

कुछ अच्छे अखबारों में: Economic Times, Mint, Hindu Businessline, Financial express, Financial chronicle, Business Standard, Financial times (UK), Economic Times, Magazines include Outlook money, Capital Market, Dalal Street, Forbes India, Business Today, Businessworld, Business India, the Economist (UK)।

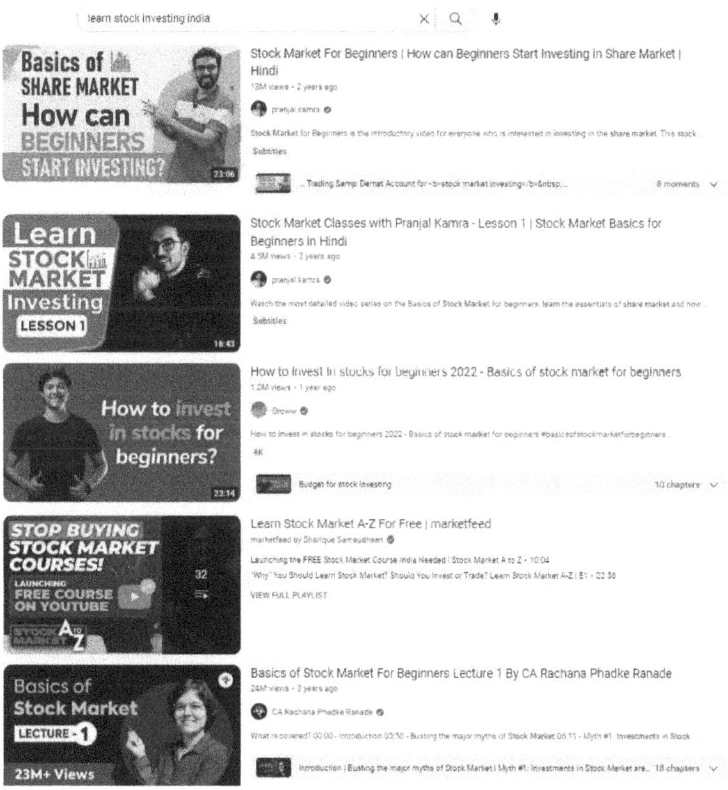

चित्र: भारत में स्टॉक निवेश के बारे में जानने के लिए कुछ YouTube चैनलों का स्क्रीनशॉट

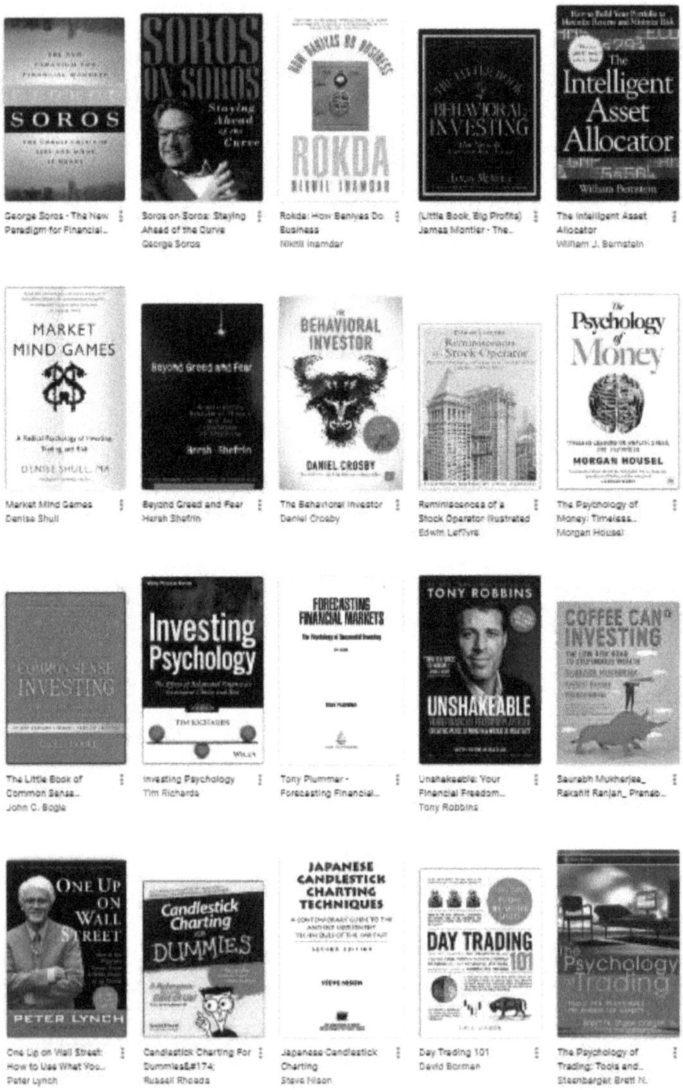

चित्र: निवेश और व्यापार से संबंधित कुछ अच्छी पुस्तकों का स्क्रीनशॉट

धन प्रबंधन के बारे में कुछ अच्छी पुस्तकों में शामिल हैं:

- सिमोन डेनियल द्वारा ऑल अबाउट मनी
- पैसे का मनोविज्ञान मॉर्गन हाउसेल द्वारा
- टोनी रॉबिंस द्वारा मनी मास्टर द गेम
- रिच डैड पुअर डैड रॉबर्ट कियोसाकी द्वारा

निवेश के बारे में कुछ अच्छी पुस्तकों में शामिल हैं:

- बेंजामिन ग्राहम द्वारा बुद्धिमान निवेशक
- पराग पारिख द्वारा स्टॉक्स टू रिचेस
- रघु पलट द्वारा निवेशकों के लिए मौलिक विश्लेषण
- मिशेल कैगन द्वारा 101 का निवेश
- जोएल ग्रीनब्लाट की छोटी किताब जो बाजार को हरा देती है
- व्यवहार निवेश की छोटी किताब जेम्स मोंटियर द्वारा
- विलियम बर्नस्टीन द्वारा इंटेलिजेंट एसेट एलोकेटर
- सौरभ मुखर्जी और रक्षित रंजन द्वारा कॉफी कैन निवेश
- टोनी रॉबिंस द्वारा अनशेकेबल
- डेविड और टॉम गार्डनर द्वारा द मोटली फूल इन्वेस्टमेंट गाइड
- पीटर लिंच द्वारा वन अप ऑन वॉल स्ट्रीट
- विलियम बर्नस्टीन द्वारा निवेश के चार स्तंभ

- जॉन सी बोगल द्वारा द बोगलहेड्स गाइड टू इन्वेस्टमेंट
- NISM द्वारा निवेश सलाहकार (स्तर 1 और स्तर 2)।
- रॉबर्ट हैगस्ट्रॉम द्वारा वॉरेन बफेट वे
- फिलिप फिशर द्वारा कॉमन स्टॉक्स एंड अनकॉमन प्रॉफिट्स

ट्रेडिंग के बारे में पुस्तकों में शामिल हैं:

- जॉन मर्फी द्वारा वित्तीय बाजारों का तकनीकी विश्लेषण
- एडविन लेफ़ेवरे द्वारा एक स्टॉक ऑपरेटर की यादें
- बालकृष्ण साडेकर द्वारा कैंडलस्टिक चार्ट के साथ मनी ट्रेडिंग कैसे करें
- विशाल और मेघना मलकान द्वारा कैशटैग

4.3 निवेश करने के लिए अच्छी कंपनियों की पहचान करने के कुछ सिद्धांत

वारेन बफेट और बेंजामिन ग्राहम एक सक्रिय रूप से प्रबंधित स्टॉक निवेश रणनीति के हिमायती थे। उनके दर्शन के अनुसार, सबसे अच्छा अंडरवैल्यूड स्टॉक खोजने के लिए अपना शोध करना बेहतर है, जो अल्पावधि के बजाय लंबी अवधि में अच्छा मुनाफा देने की संभावना रखते हैं। अच्छे शेयरों की पहचान करने के लिए मौलिक विश्लेषण से संबंधित कुछ महत्वपूर्ण अनुपातों में निम्नलिखित शामिल हैं:

- **मूल्य प्रति आय अनुपात या P/E अनुपात** : यह स्टॉक मूल्य को प्रति शेयर आय से विभाजित करने पर प्राप्त होता है। यह बहुत अधिक नहीं होना चाहिए, कम पीई अनुपात इंगित करता है कि

स्टॉक अच्छे मूल्य का प्रतिनिधित्व करता है, क्योंकि इसकी कीमत कमाई की तुलना में बहुत अधिक नहीं है।

- **डिविडेंड यील्ड** : यह प्रति शेयर डिविडेंड को स्टॉक की कीमत से भाग देने पर प्राप्त होता है। एक उच्च लाभांश उपज बेहतर है और यह पिछले कुछ वर्षों में सुसंगत होना चाहिए। एक अच्छी कंपनी वह है जो नियमित रूप से लाभांश का भुगतान करती है।

- **ROI आरओआई या निवेश पर वापसी** : यह एक उपाय है कि कंपनी कितनी लाभदायक है, एक उच्च ROI आरओआई बेहतर है।

- **मार्केट कैप** : जिन कंपनियों का मार्केट कैप बड़ा होता है, उनके स्थिर रहने और नियमित लाभांश देने की संभावना अधिक होती है।

- **Piotroski पियोत्रोस्की स्कोर** : यह एक ऐसा सूत्र है जो दर्शाता है कि कंपनी आर्थिक रूप से कितनी मजबूत है, कम से कम 7 या 8 या उससे अधिक का स्कोर बेहतर है।

विभिन्न कंपनियों के लिए इन अनुपातों की तुलना करके देखा जा सकता है कि कौन सा बेहतर है। इसके अलावा, कोई भी इन अनुपातों के लिए मानदंड से मेल खाने वाली कंपनियों की सूची प्राप्त करने के लिए screener.in या tickertape.in में फॉर्मूला डाल सकता है। उसके बाद कोई पढ़ सकता है और कंपनियों पर अतिरिक्त शोध कर सकता है। कंपनी और क्षेत्र के बारे में पढ़ना भी अच्छा है, सामान्य समाचार और प्रबंधन के बारे में विशिष्ट हालिया समाचार, अपने प्रतिद्वंद्वियों के सापेक्ष कंपनी के अद्वितीय बिक्री बिंदु या यूएसपी को समझें।

मौलिक विश्लेषण का उपयोग करके निवेश करने के लिए एक कंपनी की पहचान करने के बाद, इसमें निवेश करने का सबसे अच्छा समय समझने के लिए तकनीकी विश्लेषण (पिछले कुछ महीनों में शेयर की कीमत

ऊपर या नीचे जाने के ऐतिहासिक ग्राफ को पढ़ना) का उपयोग कर सकता है।

हालांकि, सबसे अच्छा स्टॉक की पहचान करने में अच्छा समय बिताना और शॉर्ट टर्म के बजाय कम से कम कुछ वर्षों के लिए स्टॉक खरीदना बेहतर है। समय-समय पर अपने निवेश की समय-समय पर समीक्षा भी करनी चाहिए और सही समय पर बेचने के लिए तैयार रहना चाहिए।

4.4 निष्कर्ष

इस अध्याय में हमने भारत में निवेश के कुछ मूलभूत सिद्धांतों का अध्ययन किया है।

निवेश करने की शुरुआत करने वालों को गंभीरता से निवेश शुरू करने से पहले विभिन्न पुस्तकों और अन्य स्रोतों से कुछ महीनों के लिए जितना संभव हो उतना ज्ञान हासिल करने का अच्छा प्रयास करना चाहिए। अच्छी निवेश सलाह में मदद करने के लिए एक सलाहकार होना भी एक उपयोगी विचार है।

अध्याय 5: नैतिक निवेश के अवसरों की खोज कैसे करें

इस अध्याय में, हम नैतिक निवेश के संभावित तरीकों को खोजने और खोजने के कुछ तरीकों पर चर्चा करते हैं।

5.1 एथिकल फंड और स्टॉक की खोज के लिए स्थान

नैतिक कंपनियों और निधियों को निम्नलिखित स्थानों (भारत-विशिष्ट) में खोजा जा सकता है:

- पैसा और निवेश करने वाली वेबसाइट जैसे moneycontrol.com मनीकंट्रोल, cleartax.in क्लियरटैक्स, https://money.rediff.com/
- Google या Bing या ChatGPT जैसे सर्च इंजन
- Zerodha ज़ेरोधा, indmoney इंडमनी, 5paisa, upstoxx, samco, sharekhan शेयरखान, icicidirect या groww ग्रोव जैसी ब्रोकर वेबसाइटें

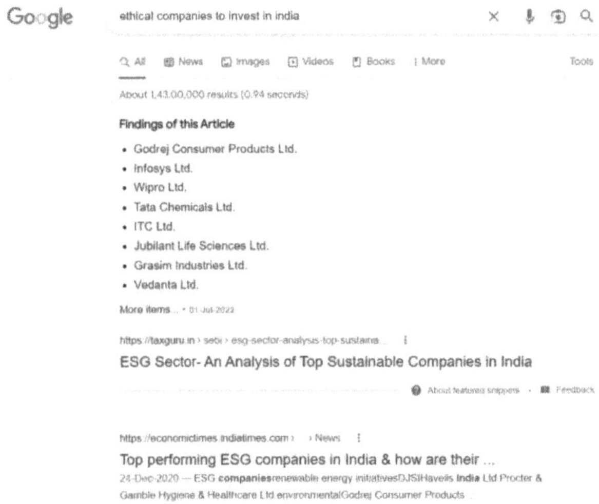

चित्र: भारत में निवेश करने के लिए नैतिक कंपनियों की खोज के लिए गूगल का स्क्रीनशॉट।

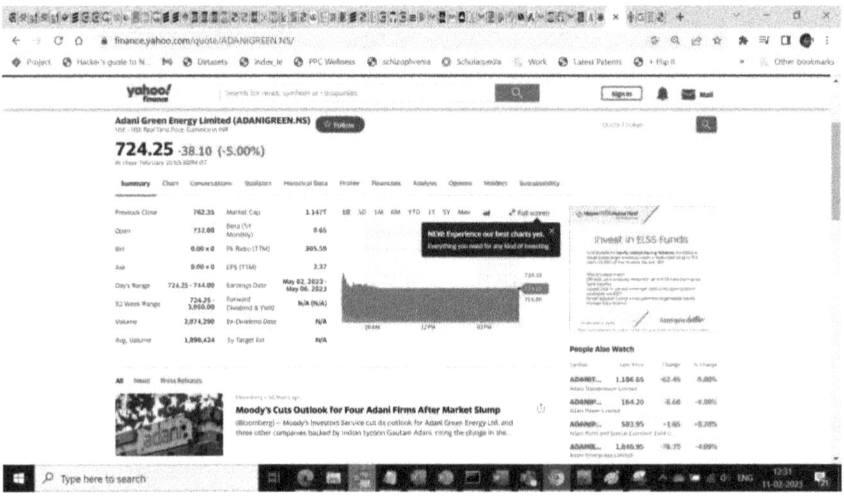

चित्र: याहू फाइनेंस पर एक ग्रीन फर्म का विश्लेषण दिखाने वाला स्क्रीनशॉट।

5.2 पैसा और निवेश करने वाली वेबसाइटें

इनमें मनीकंट्रोल, याहू फाइनेंस, गूगल फाइनेंस आदि जैसी वेबसाइटें शामिल हैं। हम ऐसी वेबसाइटों का उपयोग ईएसजी और नैतिक संबंधित स्टॉक और फंड पर नज़र रखने के लिए कर सकते हैं और पी/ई अनुपात, ऋण से इक्विटी और आरओआई जैसे मेट्रिक्स को भी ट्रैक कर सकते हैं। तय करें कि स्टॉक या फंड निवेश करने लायक है या नहीं।

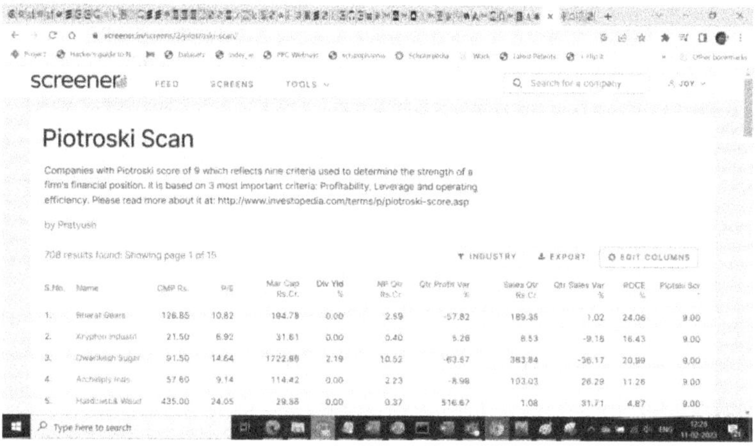

चित्र: Screener.in का स्क्रीनशॉट एक स्क्रीनर दिखा रहा है जिसका उपयोग पीई या आरओआई या लाभांश आदि जैसे मेट्रिक्स के आधार पर कुछ मानदंडों या स्क्रीनिंग फ़ार्मुलों के अनुसार स्टॉक को स्क्रीन करने के लिए किया जा सकता है।

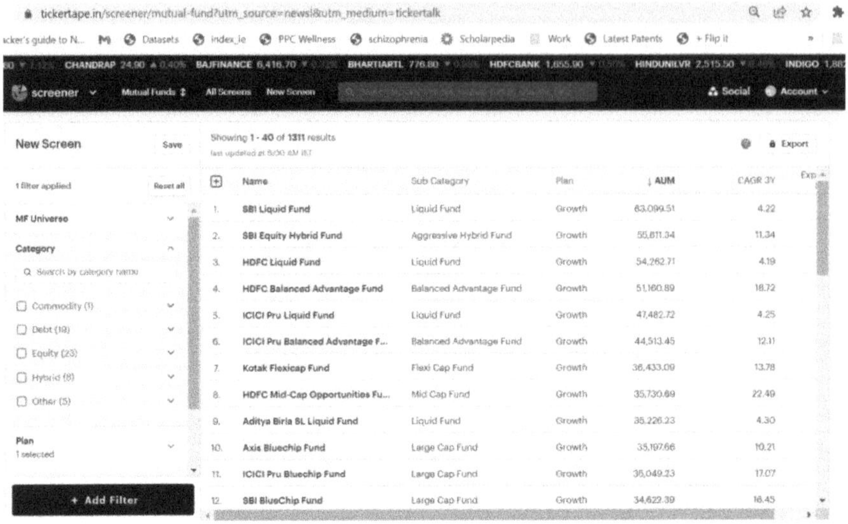

चित्र: tickertape.in में एक स्क्रीनर का स्क्रीनशॉट

हम इसी उद्देश्य के लिए screener.in और tickertape.in जैसे स्क्रीनर्स का भी उपयोग कर सकते हैं।

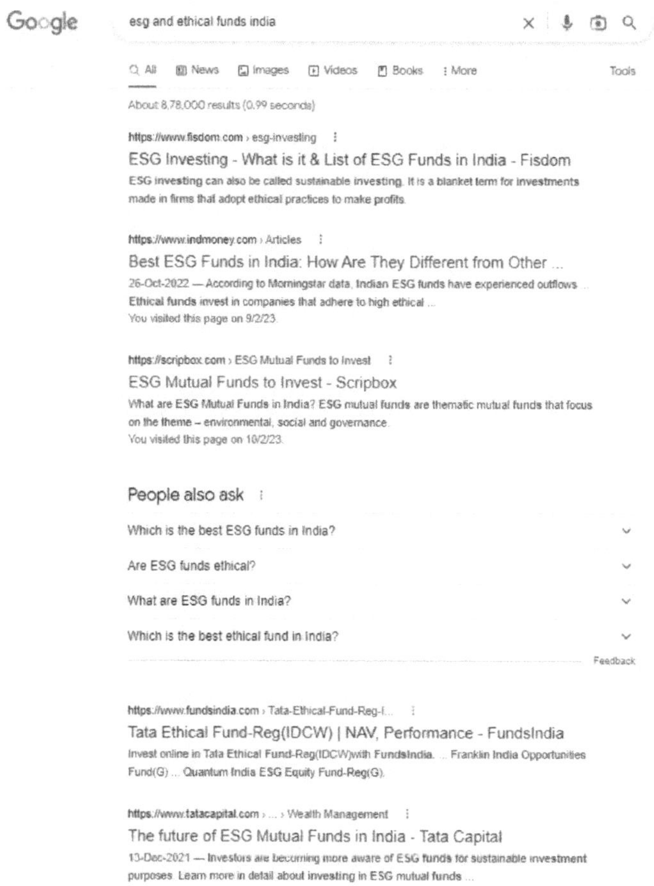

चित्र: ESG और एथिकल फ़ंड के लिए Google पर खोज परिणाम।

5.3 खोज इंजन

हम नैतिक निवेश से संबंधित कीवर्ड जैसे "esg", "शरिया" या "नैतिक" खोज कर google या bing जैसे खोज इंजनों में नैतिक निवेश की खोज कर सकते हैं।

एक अन्य विकल्प एआई चैटबॉट्स जैसे कि चैटजीपीटी से नैतिक निवेश से संबंधित प्रश्नों के लिए पूछना है।

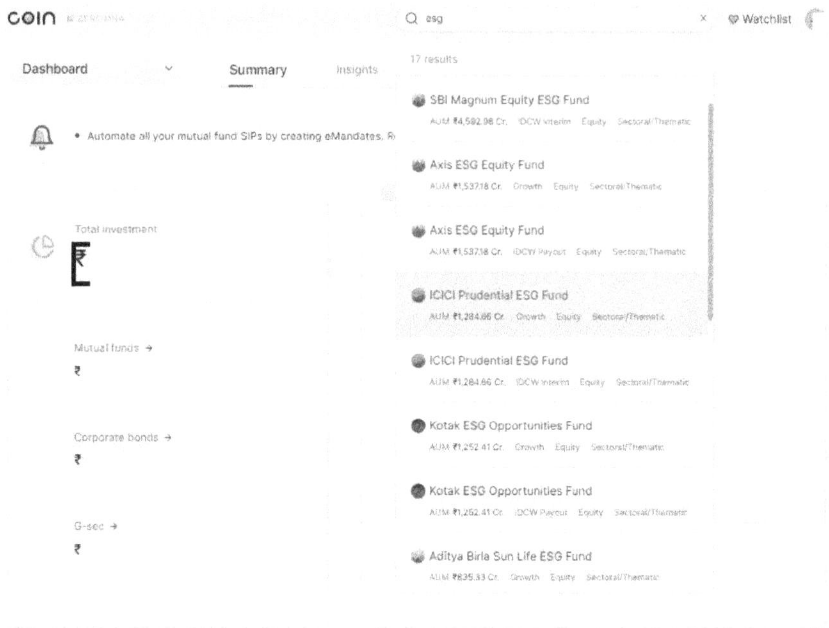

चित्र: Zerodha coin (coin.zerodha.com) ज़ेरोधा कॉइन का स्क्रीनशॉट जो ईएसजी म्यूचुअल फंड दिखा रहा है

5.4 ब्रोकर वेबसाइटें

ज़ेरोधा, ग्रोव, इंडमनी या शेयरखान जैसी ब्रोकर वेबसाइटों का उपयोग ESG ईएसजी या एथिकल फंड्स की खोज करने और उनके प्रदर्शन का विश्लेषण करने के लिए भी किया जा सकता है।

5.5 निष्कर्ष

इस अध्याय में, हमने कुछ ऐसे स्रोतों पर चर्चा की है जहां से हम नैतिक निवेश से संबंधित फंडों और स्टॉक के प्रदर्शन के बारे में अधिक जानकारी प्राप्त कर सकते हैं।

अध्याय 6: हरित ऊर्जा में निवेश

इस अध्याय में, हम भारत में हरित ऊर्जा में निवेश के कुछ तरीकों पर चर्चा करते हैं। भारत सरकार द्वारा इस क्षेत्र को दिए गए विभिन्न प्रोत्साहनों और कर रियायतों के कारण हरित ऊर्जा वर्तमान में एक प्रमुख विकास क्षेत्र है।

6.1 हरित ऊर्जा से संबंधित निवेश के रास्ते क्या हैं

हरित ऊर्जा से संबंधित मुख्य रास्ते इस प्रकार हैं:

- ग्रीन स्टॉक और ग्रीन म्यूच्यूअल फंड
- हरित ऊर्जा स्मालकेस (smallcase)
- सॉवरेन ग्रीन बांड (SGB)
- हरी संपत्ति का आंशिक स्वामित्व

6.2 ग्रीन स्टॉक

ग्रीन स्टॉक और फंड उन कंपनियों से बचते हैं जो प्रदूषण से संबंधित हैं और उन कंपनियों को शामिल करते हैं जो हरित ऊर्जा, स्वच्छ पानी और अन्य पर्यावरणीय कारणों में निवेश करती हैं।

उदाहरण: अदानी ग्रीन एनर्जी, https://www.adanigreenenergy.com/ जो अक्षय हरित ऊर्जा पर केंद्रित कंपनी है और बड़ी सौर और पवन कृषि परियोजनाओं का संचालन करती है।

अक्षय ऊर्जा स्रोतों और अन्य पर्यावरण अनुकूल प्रथाओं में निवेश करने वाली भारतीय शेयर बाजार (बीएसई और एनएसई) में कुछ सूचीबद्ध कंपनियों में निम्नलिखित शामिल हैं:

- अदानी ग्रीन एनर्जी
- Borosil Renewables: नवीकरणीय ऊर्जा में निवेश करता है
- गेल (भारत) : सौर ऊर्जा में निवेश करता है
- इंडियन ऑयल कॉर्पोरेशन: नवीकरणीय ऊर्जा में निवेश करता है
- जेएसडब्ल्यू एनर्जी: अक्षय ऊर्जा, मुख्य रूप से सौर और पवन परियोजनाओं में निवेश करती है
- लार्सन एंड टुब्रो
- एनटीपीसी
- रिलायंस इंडस्ट्रीज: नवीकरणीय ऊर्जा में निवेश करती है
- टाटा पावर कंपनी
- वेबसोल एनर्जी सिस्टम
- सुजलॉन ऊर्जा
- प्राज इंडस्ट्रीज
- ग्रेविटा
- VaTech Wabag: जल उपचार से संबंधित
- टोरेंट पावर: एक बिजली उत्पादन कंपनी है जो नवीकरणीय ऊर्जा में निवेश कर रही है
- जीएसपीएल

- आईजीएल
- आयन एक्सचेंज: जल और अपशिष्ट प्रबंधन कंपनी
- Havells India Ltd (डॉव जोन्स सस्टेनेबिलिटी इंडेक्स का हिस्सा)
- गोदरेज उपभोक्ता उत्पाद (डॉव जोन्स सस्टेनेबिलिटी इंडेक्स का हिस्सा)
- नेस्ले इंडिया: के पास कई स्थायी परियोजनाएं हैं
- P&G हाइजीन एंड हेल्थकेयर: पर्यावरणीय रूप से स्थायी और सामाजिक रूप से जिम्मेदार प्रथाओं का पालन करता है
- कोलगेट पामोलिव इंडिया: गैर-सरकारी संगठनों के साथ विभिन्न प्रकार की सामाजिक परियोजनाएँ हैं
- पृष्ठ उद्योग: एक स्थिरता संस्कृति है

संदर्भ:

https://www.equitymaster.com/detail.asp?date=12/09/2021&story=5&title=Indias-Top-Renewal-Energy-Stocks-Big-Returns-or-Boring-Returns

https://changestarted.com/green-companies-in-india-that-are-listed-on-stock-exchange/

https://www.ndtv.com/business/top-4-esg-stocks-to-add-to-your-watchlist-2699714

6.3 हरित ऊर्जा स्मालकेस

एक अन्य उदाहरण ग्रीन एनर्जी से संबंधित स्मॉलकेस है, जिसमें ग्रीन एनर्जी से संबंधित कंपनियों की एक टोकरी शामिल है। इन्हें www.स्मॉलकेस.कॉम वेबसाइट में खोजा जा सकता है। यह शेयरों का पोर्टफोलियो है, जिसे एनर्जी ट्रांजिशन का फायदा मिलेगा।

ऊर्जा संक्रमण वैश्विक ऊर्जा क्षेत्र की ऊर्जा उत्पादन और खपत के जीवाश्म-आधारित प्रणालियों से - तेल, प्राकृतिक गैस और कोयले सहित - अक्षय ऊर्जा स्रोतों जैसे पवन और सौर, साथ ही जैव ईंधन जैसे अन्य स्रोतों से बदलाव को संदर्भित करता है।

उनका प्रमुख निवेश तर्क इस प्रकार है:

प्रमुख निवेश तर्क - सोलर पैनल इंस्टालेशन, इलेक्ट्रिक वाहन की बिक्री जैसी चीजें रिकॉर्ड ऊंचाई पर हैं। निवेश में ईएसजी कारक - निवेश में ईएसजी कारकों के कारण, ऊर्जा संक्रमण का महत्व बढ़ता रहेगा। इंटरनेशनल रिन्यूएबल एनर्जी एजेंसी (आईआरईएनए) की एक रिपोर्ट के मुताबिक जीवाश्म ईंधन पर आधारित किसी भी नई बिजली क्षमता की तुलना में नवीकरणीय बिजली तेजी से सस्ती है। जलवायु परिवर्तन दुनिया के लिए सर्वोच्च प्राथमिकताओं में से एक है। 2050 तक शुद्ध-शून्य उत्सर्जन के लक्ष्य के साथ सौ से अधिक देश एक गठबंधन में शामिल हो गए हैं।

लिंक इस प्रकार हैं, अन्यथा कोई भी smallcase.com में हरित ऊर्जा की खोज कर सकता है:

https://www.smallcase.com/smallcase/green-energy-portfolio-NIVTR_0001

https://www.smallcase.com/smallcase/green-energy-CHTSMO_0036

6.4 सॉवरेन ग्रीन बांड (SGB)

भारत सरकार का सॉवरेन ग्रीन बॉन्ड (SGB bond) भारत सरकार द्वारा पर्यावरण के अनुकूल पहल में निवेश करने का एक और अच्छा तरीका है। इन्हें 2022-23 के बजट में इस नोट के साथ पेश किया गया था, "*2022-23 में सरकार के समग्र बाजार उधार के एक हिस्से के रूप में, हरित बुनियादी ढांचे के लिए संसाधन जुटाने के लिए सॉवरेन ग्रीन बॉन्ड जारी किए जाएंगे। आय को सार्वजनिक क्षेत्र की परियोजनाओं में लगाया जाएगा जो अर्थव्यवस्था की कार्बन तीव्रता को कम करने में मदद करती हैं।*"

SGB बांड का उद्देश्य भारत के हरित लक्ष्यों को प्राप्त करने में मदद करना है। इनमें भारत की जलवायु कार्रवाई के पांच अमृत तत्व (पंचामृत) शामिल हैं:

- 2030 तक 500GW गैर-जीवाश्म ऊर्जा क्षमता तक पहुंचें
- 2030 तक नवीकरणीय ऊर्जा से इसकी ऊर्जा आवश्यकताओं का 50 प्रतिशत
- कुल अनुमानित कार्बन उत्सर्जन में एक बिलियन टन की कमी अब से 2030 तक
- 2030 तक अर्थव्यवस्था की कार्बन तीव्रता में 45 प्रतिशत की कमी, 2005 के स्तर से अधिक
- 2070 तक शुद्ध शून्य उत्सर्जन के लक्ष्य को प्राप्त करना।

प्राथमिक SGB बांड एक बार जारी होने के बाद सीधे आरबीआई रिटेल से खरीदे जा सकते हैं (जनवरी 2023 में उनके जारी करने की घोषणा की गई थी), ज़ेरोधा या ग्रो जैसे ब्रोकरों से।

वे आम तौर पर 10 के बैच में बेचे जाते हैं, जिनकी कीमत लगभग 10000 रुपये होती है। उन्हें दलालों की वेबसाइटों से द्वितीयक बाजार में भी

खरीदा जा सकता है। इन SGB बॉन्ड में निवेश आमतौर पर कम जोखिम वाला होता है क्योंकि सरकार द्वारा इनकी गारंटी दी जाती है।

संदर्भ:
https://www.rbi.org.in/Scripts/BS_PressReleaseDisplay.aspx?prid=55164

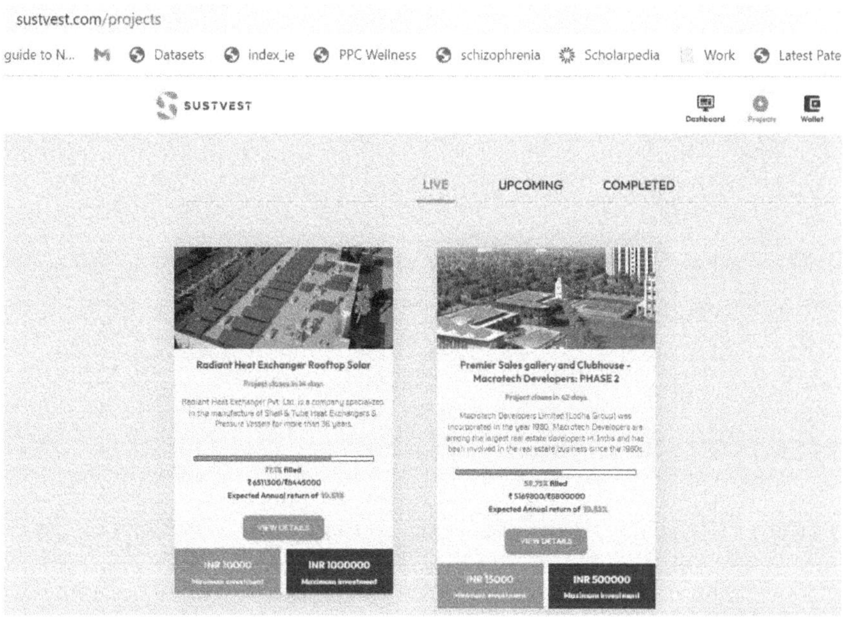

चित्र: न्यूनतम निवेश के साथ sustvest.com वेबसाइट में हरित ऊर्जा परियोजनाओं का स्क्रीनशॉट जैसे कि सौर ऊर्जा पैनलों पर परियोजना

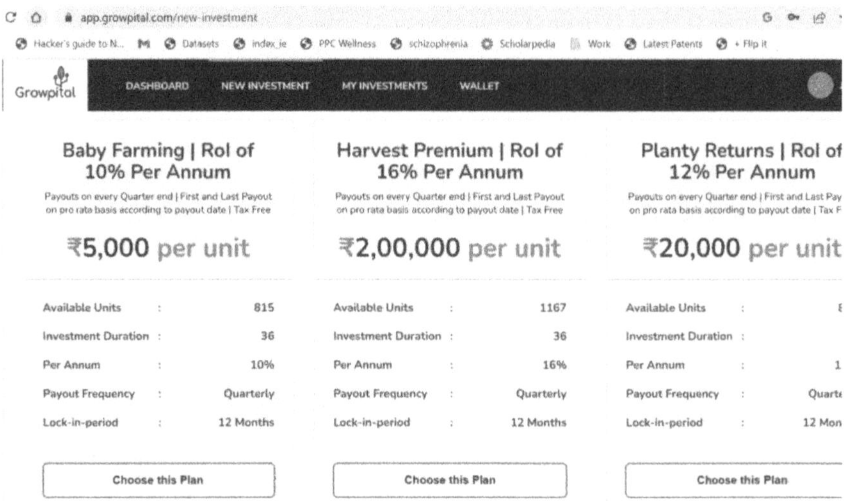

चित्र: growpital.com ग्रोपिटल वेबसाइट का स्क्रीनशॉट कृषि निवेश के लिए विकल्प दिखा रहा है, प्रत्येक अपने स्वयं के न्यूनतम निवेश और लॉक इन अवधि के साथ

6.5 हरी संपत्तियों का आंशिक स्वामित्व

एक अन्य विकल्प ग्रीन एसेट्स का आंशिक स्वामित्व है। इस क्षेत्र में कुछ छोटी कंपनियां काम कर रही हैं जो निवेश की सुविधा प्रदान करती हैं।

इनमें दूसरों के अलावा निम्नलिखित शामिल हैं:

- Sustvest, जिसके पास स्थिरता से संबंधित कई परियोजनाएं हैं जैसे कि सौर ऊर्जा, जहां निवेशक 5K या 10K रुपये या उससे अधिक का निवेश कर सकते हैं। वेबसाइट है https://www.sustvest.com/

- Growpital https://growpital.com/ कृषि निवेश करने में मदद करता है जिसे तब आयकर अधिनियम की धारा 10(1) के अनुसार कर मुक्त दावा किया जा सकता है।

चूँकि भारत में हरित ऊर्जा एक बढ़ती हुई थीम है, हरित ऊर्जा और स्थिरता के विषय पर कई स्टार्टअप भी आ रहे हैं। स्टार्टअप्स के लिए, tykeinvest.com में निवेश के अवसर तलाशे जा सकते हैं । नई कंपनियां भी आईपीओ ला सकती हैं।

6.6 निष्कर्ष

इस अध्याय में हमने हरित ऊर्जा और भारत में इसके विभिन्न निवेश मार्गों के बारे में चर्चा की है।

अध्याय 7: सामाजिक निवेश

इस अध्याय में हम सामाजिक रूप से जिम्मेदार निवेश या सामाजिक निवेश पर चर्चा करते हैं। ये माइक्रोक्रेडिट वेबसाइटें हैं जो गांवों और कम आय वाले समुदायों में निवेश करती हैं, जो अक्सर उच्च ब्याज वाले साहूकारों और साहूकारों की समस्या से पीड़ित होते हैं।

7.1 रंगदे (rangde.in)

सामाजिक निवेश समुदायों को सशक्त बनाने में शामिल है। रंग दे भारत में सामाजिक निवेश के लिए अग्रणी मंचों में से एक है। इसकी वेबसाइट https://rangde.in/ है।

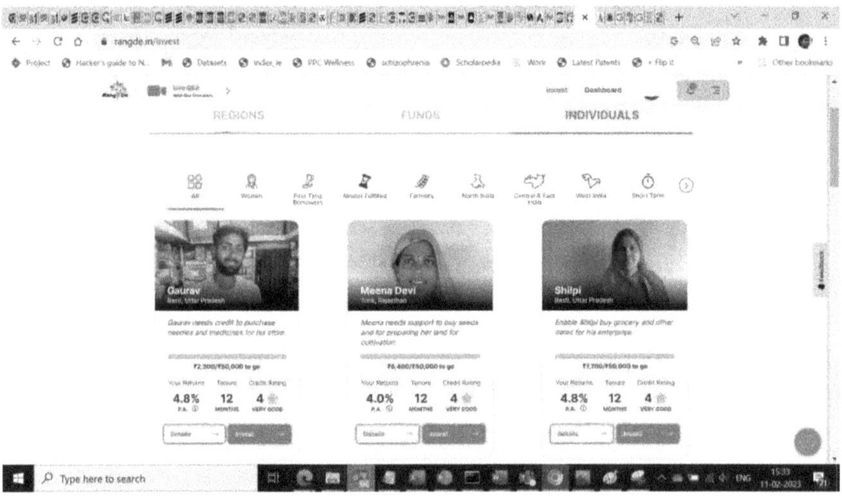

चित्र: रंगदे वेबसाइट का स्क्रीनशॉट, जिसमें भारत के विभिन्न हिस्सों में गांवों के लोगों को दिखाया गया है जिन्हें अपने छोटे व्यवसायों के लिए अच्छी ब्याज दर पर वित्तपोषण की आवश्यकता है।

7.2 सामाजिक परियोजनाओं के लिए अंतर्राष्ट्रीय माइक्रोफाइनेंस प्लेटफॉर्म

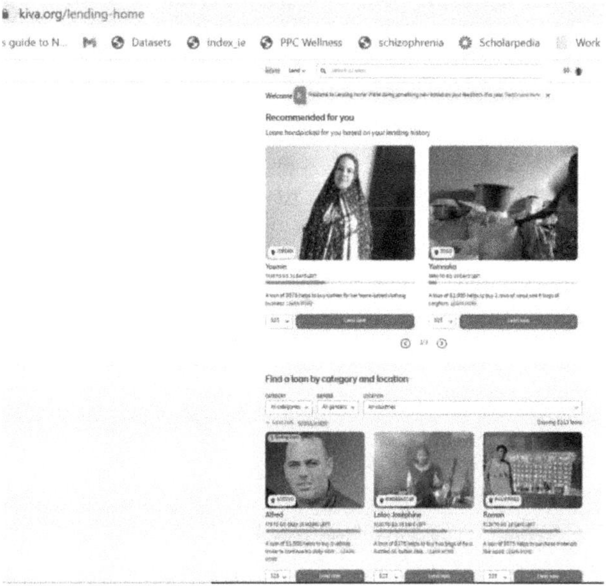

चित्र: माइक्रोफाइनेंस लेंडिंग के लिए उपलब्ध जरूरतों को दर्शाने वाली कीवा वेबसाइट का स्क्रीनशॉट

कुछ विदेशी वित्तपोषण वेबसाइटें भी हैं जिनमें कीवा और लेंडविथकेयर जैसी भारतीय परियोजनाएं शामिल हैं।

Kiva वेबसाइट www.kiva.org के पास कृषि, शिक्षा, भोजन, स्वास्थ्य आदि जैसे विभिन्न क्षेत्रों में दुनिया भर में कई परियोजनाएं हैं। हालांकि, कीवा अमेरिका में स्थित है। कोई paypal के माध्यम से kiva.org वेबसाइट में भुगतान कर सकता है।

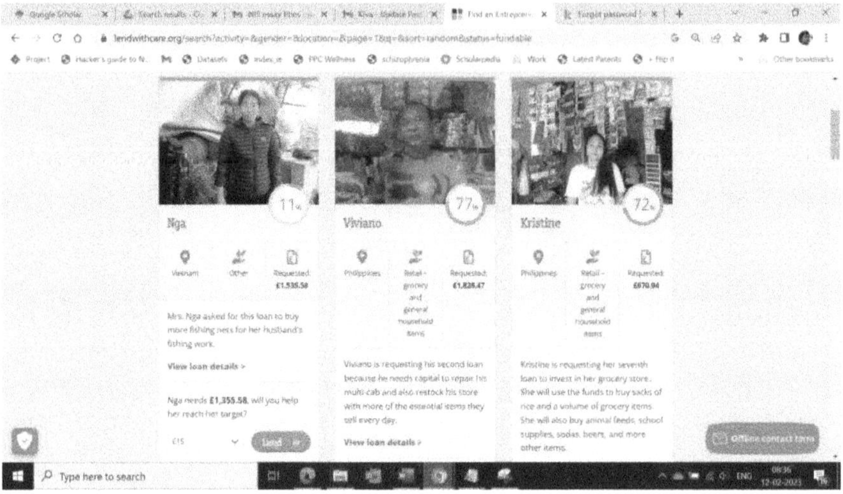

चित्र: लेंडविथकेयर वेबसाइट का स्क्रीनशॉट जो माइक्रोफाइनेंस लेंडिंग के लिए उपलब्ध जरूरतों को दर्शाता है

लेंडविथकेयर वेबसाइट https://lendwithcare.org/ रंगडे और कीवा के समान यूके आधारित वेबसाइट है। यह भी पूरी दुनिया में सामाजिक परियोजनाओं को प्रायोजित करता है।

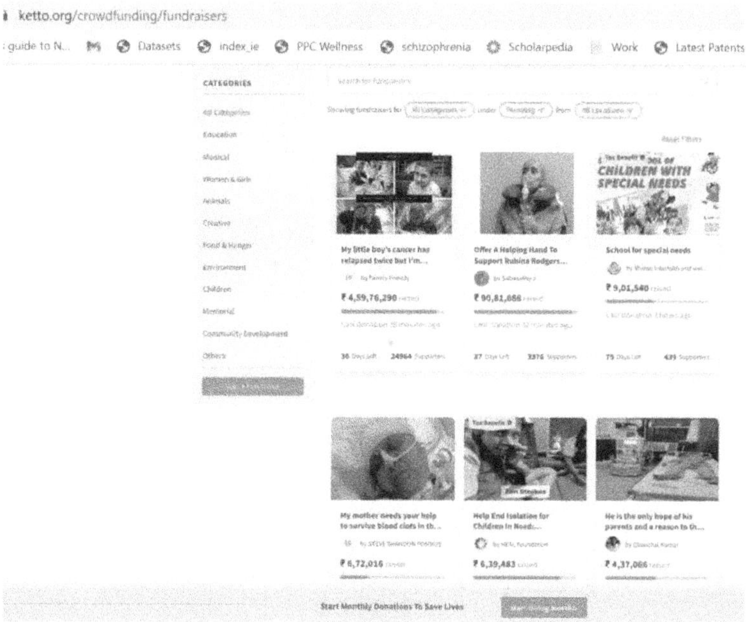

चित्र: केटो वेबसाइट का स्क्रीनशॉट जो वर्तमान में चल रहे चिकित्सा अनुदान संचयों को दिखा रहा है।

7.3 भारत में स्थित अन्य सामाजिक धन उगाहने वाले मंच

ऐसे कई माइक्रोफाइनेंस प्लेटफॉर्म और वेबसाइट हैं, साथ ही दान भी हैं, जो विकास के क्षेत्र में काम करते हैं और जहां कोई निवेश कर सकता है या सीधे दे सकता है। आयकर की धारा 80G के तहत पंजीकृत धर्मार्थ संस्थाओं को दान का दावा किया जा सकता है।

इनमें से कुछ में निम्नलिखित शामिल हैं:

- Ketto केटो: चिकित्सा धन उगाहने के लिए, जरूरतमंद लोगों के चिकित्सा बिलों को पूरा करने के लिए। https://www.ketto.org/

- मिलाप: मेडिकल फंडरेजिंग के लिए भी। https://milaap.org/crowdfunding/fundraiser
- Give.do: विभिन्न जरूरतमंद लोगों और कारणों के लिए दान और धन उगाहने के लिए। https://give.do/
- सोशल फॉर एक्शन: धन उगाहने वाली साइट https://socialforaction.com/
- अक्षयपात्र फाउंडेशन: बच्चों और अन्य लोगों को भोजन दान करने के लिए https://www.akshayapatra.org/

7.4 निष्कर्ष

इस अध्याय में, हमने rangde.in और अन्य सहित सामाजिक निवेश और धन उगाहने वाले प्लेटफार्मों पर चर्चा की है।

अध्याय 8: पर्यावरण, सामाजिक और शासन (ESG) म्यूचुअल फंड में निवेश करना

इस अध्याय में, हम कुछ ईएसजी फंडों पर चर्चा करते हैं, जिन्हें इच्छुक निवेशक देख सकते हैं और निवेश कर सकते हैं।

8.1 ESG (ईएसजी) मानदंड

पर्यावरणीय, सामाजिक और शासन (ESG) मानदंड किसी कंपनी की संस्कृति, जोखिम प्रबंधन की क्षमता और समग्र प्रशासन की जांच करते हैं। ESG मानदंडों के अंतर्गत आने के लिए, कंपनी का संचालन पर्यावरण के अनुकूल होना चाहिए, वित्तीय प्रकटीकरण में नैतिकता होनी चाहिए और उच्चतम शासन मानकों का पालन होना चाहिए।

- पर्यावरणीय मानदंड में कार्बन पदचिह्न, संसाधन उपयोग, अपशिष्ट प्रबंधन और कंपनी द्वारा जलवायु परिवर्तन को कम करने के प्रयास जैसे कारक शामिल हो सकते हैं।
- सामाजिक मानदंडों में श्रम प्रथाओं, विविधता और समावेशन नीतियों और कंपनी के मानवाधिकार रिकॉर्ड जैसे कारक शामिल हो सकते हैं।
- शासन मानदंड में कंपनी की बोर्ड विविधता, कार्यकारी मुआवजा संरचना और वित्तीय रिपोर्टिंग में पारदर्शिता जैसे कारक शामिल हो सकते हैं।

उदाहरण के लिए, एसबीआई मैग्नम इक्विटी ईएसजी फंड के लिए, ईएसजी मानदंडों को पूरा करने वाली कंपनियों में निम्नलिखित शामिल हैं:

- आवास विकास वित्त निगम लिमिटेड
- आईसीआईसीआई बैंक लिमिटेड
- एचडीएफसी बैंक लिमिटेड।
- इंफोसिस लिमिटेड
- एक्सिस बैंक लिमिटेड
- लार्सन एंड टुब्रो लिमिटेड
- अल्ट्राटेक सीमेंट लिमिटेड
- भारतीय स्टेट बैंक
- महिंद्रा एंड महिंद्रा लिमिटेड
- कोटक महिंद्रा बैंक लिमिटेड
- ब्रिटानिया इंडस्ट्रीज लिमिटेड
- मारुति सुजुकी इंडिया लिमिटेड
- आयशर मोटर्स लिमिटेड
- टाटा कंसल्टेंसी सर्विसेज लिमिटेड

8.2 ESG म्युचुअल फंड की सूची

ऐसे कई म्युचुअल फंड हैं जो ESG मानदंड कंपनियों पर केंद्रित हैं और आमतौर पर उनके शीर्षक या विवरण में ईएसजी शब्द के साथ पहचाने जाते हैं। इन्हें किसी भी स्टॉक ब्रोकर या कोटक, एसबीआई और आईसीआईसीआई जैसे अधिकांश बैंकों की नेटबैंकिंग साइटों से भी निवेश किया जा सकता है।

भारत में निवेशकों के लिए उपलब्ध ईएसजी म्युचुअल फंड की सूची इस प्रकार है:

- SBI Magnum Equity ESG Fund एसबीआई मैग्नम इक्विटी ईएसजी फंड: https://www.sbimf.com/sbimf-scheme-details/SBI-Magnum-Equity-ESG-Fund-1 मुख्य रूप से उन कंपनियों में निवेश करता है जो अच्छी ESG प्रथाओं का पालन करती हैं। ईएसजी थीम का पालन करने वाली कंपनियों में निवेश करने वाली एक ओपन-एंडेड इक्विटी योजना।
- Axis ESG Equity Fund एक्सिस ईएसजी इक्विटी फंड https://www.axismf.com/mutual-funds/equity-funds/axis-esg-equity-fund/ee-gp/regular पर्यावरण में स्थायी प्रथाओं का प्रदर्शन करने वाली कंपनियों में निवेश करने वाली एक ओपन एंडेड इक्विटी योजना, सामाजिक और शासन (ईएसजी) विषय
- ICICI Prudential ESG Fund आईसीआईसीआई प्रूडेंशियल ईएसजी फंड आईसीआईसीआई प्रूडेंशियल ईएसजी फंड एक ऐसा फंड है जो ईएसजी थीम का पालन करने वाली कंपनियों में निवेश करके सतत निवेश को प्रोत्साहित करता है।
- Kotak ESG Opportunities Fund कोटक ईएसजी ऑपर्च्युनिटीज फंड https://www.kotakmf.com/Products/funds/equity-funds/Kotak-ESG-Opportunities-Fund/Dir-G एक ओपन-एंडेड इक्विटी स्कीम है जो पर्यावरण, सामाजिक और शासन (ESG) का पालन करती है। बाजार पूंजीकरण में निवेश के लचीलेपन के साथ थीम।
- Aditya Birla Sun Life ESG Fund आदित्य बिड़ला सन लाइफ ईएसजी फंड https://mutualfund.adityabirlacapital.com/wealth-

creation-solutions/aditya-birla-sun-life-esg-fund इसका उद्देश्य विविधीकृत बास्केट में निवेश करके दीर्घकालीन पूंजी प्रशंसा अर्जित करना है। पर्यावरण, सामाजिक और शासन (ईएसजी) थीम का पालन करने वाली कंपनियां

- Invesco India ESG Equity Fund इंवेसको इंडिया ईएसजी इक्विटी फंड https://www.invescomutualfund.com/ पर्यावरण, सामाजिक और शासन (ईएसजी) मानदंडों के आधार पर चुनी गई कंपनियों में निवेश

- Quant ESG Equity Fund क्वांट ईएसजी इक्विटी फंड https://quantmutual.com/equity/quant-esg-equity-fund पर्यावरणीय, सामाजिक और शासन (ESG) मापदंडों में स्थायी प्रथाओं का प्रदर्शन करने वाली कंपनियों के विविध पोर्टफोलियो में निवेश करके दीर्घकालिक पूंजी प्रशंसा उत्पन्न करना।

- Quantum India ESG Equity Fund क्वांटम इंडिया ईएसजी इक्विटी फंड https://www.quantumamc.com/equity-funds/quantum-india-esg-equity-fund क्वांटम इंडिया ईएसजी इक्विटी फंड उन कंपनियों में निवेश करता है जो पर्यावरण के संरक्षण पर ध्यान केंद्रित करती हैं, जो समुदायों को सकारात्मक रूप से प्रभावित करती हैं। वे नैतिक रूप से व्यवसाय का संचालन और संचालन करते हैं। ये स्थायी व्यवसाय न केवल पर्यावरण और सामाजिक रूप से जिम्मेदार हैं बल्कि निवेश के रूप में भी बहुत मायने रखते हैं क्योंकि आप लंबी अवधि में धन का निर्माण करना चाहते हैं।

- Mirae Asset Nifty 100 ESG Sector Leaders Fund of Fund मिराए एसेट निफ्टी 100 ईएसजी सेक्टर लीडर्स फंड ऑफ फंड फंड-ऑफ-फंड निवेश उद्देश्य के अनुसार, योजना मुख्य रूप से

मिराए एसेट ईएसजी सेक्टर लीडर्स ईटीएफ की इकाइयों में निवेश करेगी, जिसका पोर्टफोलियो ज्यादातर निफ्टी 100 ईएसजी सेक्टर लीडर्स इंडेक्स का हिस्सा बनने वाले शेयरों पर आधारित होगा।

8.3 निष्कर्ष

इस अध्याय में, हमने कुछ प्रकार के ESG म्यूचुअल फंड निवेशों पर चर्चा की है।

अध्याय 9: शरिया अनुपालन निवेश

इस अध्याय में हम शरीयत के अनुरूप कोषों में निवेश के तरीकों पर चर्चा करते हैं। ये फंड कुछ नैतिक मानदंडों के अनुसार हैं और निवेश के लिए सभी के लिए खुले हैं, केवल मुसलमानों के लिए नहीं।

9.1 निफ्टी50 शरिया सूचकांक में शेयरों के चयन के लिए पात्रता मानदंड

निफ्टी 50 शरिया इंडेक्स के लिए स्टॉक के चयन के लिए पात्रता मानदंड में निम्नलिखित शामिल हैं:

- निफ्टी 50 सूचकांक के वर्तमान घटकों को शरिया अनुपालन के लिए जांचा जाता है, जो निफ्टी 50 शरिया के अनुरूप हैं।
- कंपनी का 6 महीने का लिस्टिंग इतिहास होना चाहिए। एक कंपनी जो एक IPO आईपीओ के साथ बाहर आती है, वह सूचकांक में शामिल होने के लिए पात्र होगी, यदि वह 6 महीने की अवधि के बजाय 3 महीने की अवधि के लिए सूचकांक के लिए सामान्य पात्रता मानदंड को पूरा करती है।
- स्टॉक जो उपरोक्त मानदंडों को पूरा करते हैं और निफ्टी 50 शरिया इंडेक्स का शरिया अनुपालन फॉर्म हिस्सा भी हैं।
- इंडेक्स में प्रत्येक स्टॉक के वेटेज की गणना उसके फ्री-फ्लोट मार्केट कैपिटलाइज़ेशन के आधार पर की जाती है, जैसे कि कोई भी स्टॉक 33% से अधिक नहीं होगा और शीर्ष 3 स्टॉक का वेटेज संचयी रूप से पुनर्संतुलन के समय 62% से अधिक नहीं होगा।

ये स्क्रीनिंग मानदंड न्यूनतम बाजार पूंजीकरण वाले उन शेयरों पर लागू होते हैं जिनमें ब्याज, व्यापार प्राप्तियों और ऋण से आय का अनुपात कम हो। कंपनियों के पास कुल संपत्ति के अनुपात में नकदी एक निर्धारित सीमा से कम होनी चाहिए, कंपनी के मूल्य की तुलना में कर्ज भी एक

सीमा से कम होना चाहिए (आमतौर पर 33%), कुल आय की तुलना में ब्याज आय बहुत कम है और हथियारों, मादक दवाओं में कंपनी की कोई भागीदारी नहीं है वगैरह।

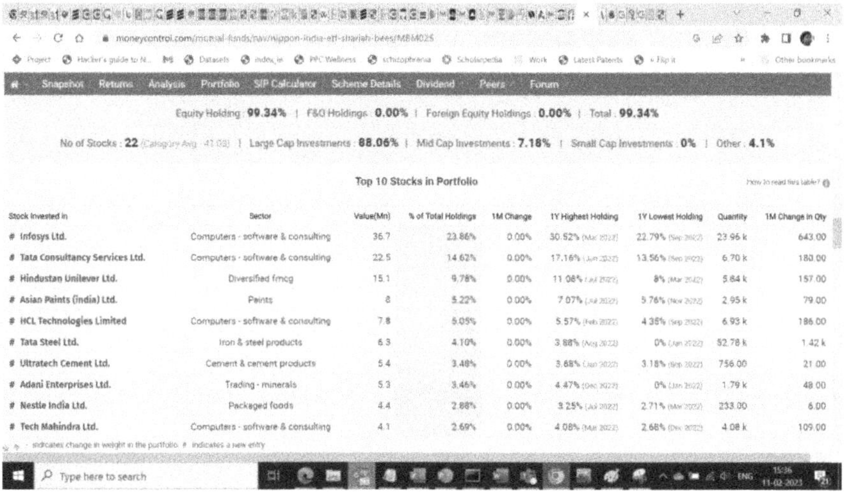

चित्र: SHARIAHBEES (Nippon India ETF Nifty 50 Shariah Bees) पोर्टफोलियो में कुछ शीर्ष स्टॉक दिखाते हुए मनीकंट्रोल वेबसाइटों के स्क्रीनशॉट

9.2 शरिया अनुपालन निधियों की सूची

भारत में उपलब्ध शरिया अनुपालन म्यूचुअल फंड की सूची इस प्रकार है:

- Tata Ethical Fund टाटा एथिकल फंड https://www.tatamutualfund.com/products/tata-ethical-fund यह मुख्य रूप से उन कंपनियों में निवेश करता है जो शरिया के अनुरूप हैं। टाटा एथिकल फंड एक ओपन-एंडेड इक्विटी फंड है जो शरिया के सिद्धांतों के आधार पर डायवर्सिफाइड इक्विटी पोर्टफोलियो में निवेश करता है। योजना का निवेश उद्देश्य शरिया अनुपालन इक्विटी और अच्छी तरह से

शोधित मूल्य और विकास उन्मुख कंपनियों के इक्विटी से संबंधित उपकरणों में निवेश करके मध्यम से दीर्घकालिक पूंजीगत लाभ प्रदान करना है।

- ShariahBees निप्पॉन इंडिया ईटीएफ निफ्टी 50 शरिया बीईएस https://www.moneycontrol.com/mutual-funds/nav/nippon-india-etf-shariya-bees/MBM025 यह ETF (एक्सचेंज ट्रेडेड फंड) निफ्टी50 शरिया इंडेक्स से चुनी गई कंपनियों में निवेश करता है। निप्पॉन इंडिया ईटीएफ निफ्टी 50 शरिया बीईएस (पूर्व में निप्पॉन इंडिया ईटीएफ शरिया बीईएस) का निवेश उद्देश्य रिटर्न प्रदान करना है, जो कि खर्चों से पहले, सिक्योरिटीज के कुल रिटर्न के अनुरूप होता है, जैसा कि निफ्टी 50 शरिया इंडेक्स द्वारा सिक्योरिटीज में निवेश करके दर्शाया गया है। निफ्टी 50 शरिया इंडेक्स के घटक उसी अनुपात में हैं जैसे इंडेक्स में।
- Taurus Ethical Fund टॉरस एथिकल फंड https://www.taurusmutualfund.com/taurus-ethical-fund यह एक शरिया अनुपालन फंड है। शरिया मानदंडों का पालन करने वाले उपयुक्त निवेश अवसरों की तलाश करने वाले निवेशकों को मध्यम से लंबी अवधि के निवेश क्षितिज के साथ टॉरस एथिकल फंड में निवेश करना चाहिए। यह निवेश का एक सामाजिक रूप से जिम्मेदार रूप है। इस योजना के प्रदर्शन की तुलना के लिए S&P BSE 500 शरिया इंडेक्स को बेंचमार्क के रूप में उपयोग किया जाएगा।

9.3 निष्कर्ष

इस अध्याय में हमने शरिया के अनुरूप निवेश के तरीकों पर विचार किया है।

अध्याय 10: एनएसई और बीएसई में सूचीबद्ध वेलनेस से संबंधित कंपनियां और फंड

इस अध्याय में हम बॉम्बे स्टॉक एक्सचेंज बीएसई (BSE) और राष्ट्रीय स्टॉक एक्सचेंज एनएसई (NSE) में सूचीबद्ध स्वास्थ्य संबंधी कुछ कंपनियों पर नजर डालेंगे। कल्याण (वेलनेस) को नैतिक निवेश का एक हिस्सा माना जा सकता है क्योंकि यह समग्र कल्याण से संबंधित है।

10.1 सूचीबद्ध वेलनेस संबंधित कंपनियां

एनएसई और बीएसई में सूचीबद्ध कुछ कल्याण संबंधी कंपनियों में निम्नलिखित शामिल हैं:

- **डाबर इंडिया:** डाबर भारत में सबसे प्रसिद्ध आयुर्वेदिक ब्रांडों में से एक है। इसकी स्थापना 1884 में हुई थी। यह डाबर च्यवनप्राश सहित कई उत्पाद बनाती है। इसकी वेबसाइट है https://www.dabur.com/
- **पतंजलि**: यह योग गुरु बाबा रामदेव के अधीन एक आयुर्वेद कंपनी है। यह सस्ती आयुर्वेद से संबंधित उत्पादों की एक श्रृंखला बनाती है। इसकी वेबसाइट है https://www.patanjaliayurved.net/
- **Zydus ज़ाइडस वेलनेस**: यह स्वास्थ्य खाद्य उत्पादों, स्किनकेयर और अन्य कल्याण संबंधी उत्पादों का उत्पादन करती है जिसमें ग्लूकॉन-डी, कॉम्प्लान और नाइसिल जैसे प्रसिद्ध ब्रांड शामिल हैं। इसकी वेबसाइट है https://www.zyduswellness.com/

- **केरल आयुर्वेद**: यह आयुर्वेदिक दवाओं का निर्माण करता है, इसका एक ऑनलाइन आयुर्वेदिक स्टोर है और वैद्य परामर्श और आयुर्वेद रिट्रीट जैसी कई सेवाएं हैं। इसकी वेबसाइट है https://www.keralaayurveda.biz/
- **Tiaan तियान कंज्यूमर (और तियान आयुर्वेदिक):** यह एक स्माल कैप कंपनी है जो आयुर्वेदिक उत्पादों का निर्माण करती है। इसकी वेबसाइट है https://tiaanstore.com/
- **रजनीश वेलनेस**: यह एक टेलीशॉपिंग वेंचर के रूप में शुरू हुआ और विभिन्न वेलनेस उत्पादों के साथ एक सूचीबद्ध कंपनी के रूप में विकसित हुआ। इसकी वेबसाइट है https://rajnishwellness.com/

संदर्भ:

https://vibcare.co.in/top-10-ayurvedic-companies-in-india/

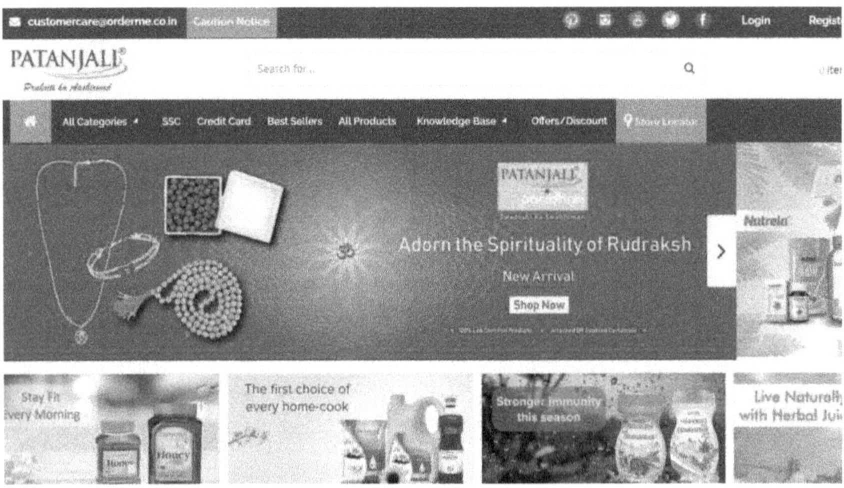

चित्र: पतंजलि आयुर्वेद की वेबसाइट से स्क्रीनशॉट

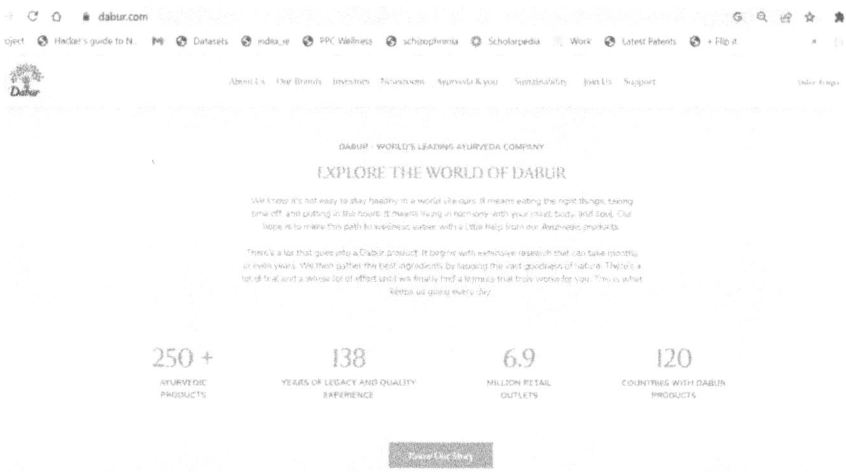

चित्र: डाबर वेबसाइट से लिया गया स्क्रीनशॉट

10.2 हेल्थकेयर म्युचुअल फंड

कुछ हेल्थकेयर से संबंधित म्यूचुअल फंड भी हैं जहां कोई भी निवेश कर सकता है। ज़ेरोधा जैसी ब्रोकर वेबसाइटों पर म्यूचुअल फंड लिस्टिंग में फार्मा और हेल्थकेयर जैसे शब्दों की खोज करके उनके प्रदर्शन को ट्रैक किया जा सकता है।

इनमें से कुछ में निम्नलिखित शामिल हैं:

- SBI Healthcare opportunities fund
- UTI healthcare fund
- Tata India Pharma and healthcare fund
- Nippon India Pharma fund

- DSP healthcare fund
- UTI healthcare fund
- ICICI Prudential Pharma Healthcare and Diagnostics (P.H.D) Fund
- Mirae Asset healthcare fund
- Aditya Birla Sun Life Pharma & Healthcare Fund
- IDBI healthcare fund

10.3 निष्कर्ष

इस अध्याय में, हमने भारतीय शेयर बाजार में सूचीबद्ध कुछ कल्याण, आयुर्वेद और पोषण संबंधी कंपनियों और म्यूचुअल फंडों पर चर्चा की है।

अध्याय 11: निष्कर्ष

इस पुस्तक में, हमने संक्षेप में नैतिक निवेश के अर्थ पर चर्चा की है और भारत में कुछ ऐसे निवेश मार्गों की खोज की है जहाँ कोई नैतिक रूप से निवेश कर सकता है।

नैतिक निवेश उस जीवनशैली का एक अभिन्न हिस्सा है जो धन के साथ एक स्वस्थ और सचेत संबंध को दर्शाती है — अपने आसपास के लोगों के साथ सकारात्मक ऊर्जा के आदान-प्रदान के माध्यम से सभी के लिए एक बेहतर दुनिया बनाने में योगदान करने का एक साधन। ESG और नैतिक फंडों में निवेश तथा सामाजिक निवेश — ये सभी इसी लक्ष्य की दिशा में उठाए गए महत्वपूर्ण कदम हैं।

यदि हम सभी अपने निवेशों का समय-समय पर नैतिक समीक्षा करके नैतिक निवेश की दिशा में ठोस कदम उठाते हैं और यह सुनिश्चित करते हैं कि हम इस ग्रह को नष्ट करने के बजाय उसके संरक्षण में योगदान दे रहे हैं, तो न केवल हमारे लिए बल्कि आने वाली पीढ़ियों के लिए भी एक टिकाऊ और समृद्ध भविष्य के निर्माण में लाभ होगा। नैतिक निवेश से हमें जो निवेश प्रतिफल प्राप्त होता है, वह भी लंबी अवधि में मंदी-प्रतिरोधी और सकारात्मक रहने की अधिक संभावना रखता है।

लेखकों के बारे में

शिव प्रसाद बोस भारतीय कानूनों के पहलुओं से संबंधित कई परिचयात्मक गाइडबुक के लेखक हैं। वह वर्तमान में लखनऊ में उत्तर प्रदेश पावर कॉर्पोरेशन लिमिटेड में कई वर्षों की सेवा के बाद सेवानिवृत्त हुए हैं। उन्होंने कोलकाता के जादवपुर विश्वविद्यालय से इलेक्ट्रिकल इंजीनियरिंग की डिग्री प्राप्त की और मेरठ विश्वविद्यालय, मेरठ से कानून की डिग्री और एमएमएच कॉलेज गाजियाबाद से बीएससी किया। उनकी रुचि परिवार कानून, नागरिक कानून, अनुबंधों के कानून और बिजली से संबंधित मुद्दों से संबंधित कानून के क्षेत्रों में है।

जय बोस पेशे से डेटा साइंटिस्ट हैं। वे NISM प्रमाणित म्यूचुअल फंड वितरक और NISM प्रमाणित निवेशक भी हैं।

शिव प्रसाद बोस की अन्य पुस्तकें

वसीयत और प्रोबेट का परिचय: भारतीय कानून के अनुसार

वरिष्ठ नागरिकों से दुर्व्यवहार: और इसे कैसे रोका जाये

पड़ोसियों के साथ समस्याएं: और इनसे कैसे निपटें

अदालती मुकदमों में मानसिक शक्ति बढ़ाएं

परक्राम्य लिखतों का परिचय

विवाह कानूनों का परिचय

पुस्तकों और ई-पुस्तकों को स्वयं प्रकाशित करें

अदालती मामलों में देरी: कारण और समाधान

पेटेंट और पेटेंट कानून का परिचय

संपत्ति कानून का परिचय

टॉर्ट कानून का परिचय

नई दिल्ली में छोटा बंगाल: चित्तरंजन पार्क गाइडबुक

www.ingramcontent.com/pod-product-compliance
Lightning Source LLC
LaVergne TN
LVHW050939210926
848482LV00013B/673